IMPRESSUM

Math. Lempertz GmbH
Hauptstraße 354
53639 Königswinter
Tel.: 02223 / 90 00 36
Fax: 02223 / 90 00 38
info@edition-lempertz.de
www.edition-lempertz.de

Dieses Kochbuch wurde nach bestem Wissen und
Gewissen verfasst. Weder der Verlag noch der Autor
tragen die Verantwortung für ungewollte Reaktionen
oder Beeinträchtigungen, die aus der Verarbeitung
der Zutaten entstehen.
Der Markenname „Thermomix" ist rechtlich geschützt und
wird nur als Bestandteil der Rezepte verwendet. Für Schäden, die bei
der Zubereitung der Gerichte an Personen oder
Küchengeräten entstehen, wird keine Haftung übernommen.
Bitte beachte die Anwendungshinweise der Gebrauchsanweisung
deines Thermomixgerätes.

 www.facebook.com/MIXtippRezepte

Titelbild: Fotolia, Stockfood
Lektorat: Edition Lempertz, Christina Meuser
Layout/Satz: Bruno Dias
Druck und Bindung: Belvédère Print & Packaging BV,
www.TheArtOfMakingBooks.de

ISBN: 978-3-96058-242-7

Bildnachweis:
© Fotolia: komokvm, Vector Tradition, A_Bruno, Nomad_Soul, JFsPic, 5second,
Angel Simon, FPWing, Rawpixel.com, Andrey, oxygen_8, Joana Kruse, First
Flight, Lorenzo Buttitta, George Dolgikh, AB, Jacek Chabraszewski, Comugnero
Silvana, agnesstudio, ilolab, kuvona, crazyass, Aaron Amat, Maria Sbytova,
Fontanis, Torsten Lorenz, Yaruniv-Studio, Victority, kwasny221, Jesse Hsu Photo,
Morenovel, bursucgrazziela, Alesia Berlezova, Renata Osinska, The Picture
Pantry, Alexey Achepovsky, Maryna Voronova, Andrew Stripes, babsi_w

© Stockfood: Tim Hill, Rua Castilho, Sandra Krimshandl-Tauscher, Uwe Bender,
Klaus Arras, Valeria Aksakova

© Volker Debus, München, www.debusfoto.de

© Edition Lempertz

© Gerhard Walter

Herausgegeben von   Antje Watermann

GERHARD WALTER

Gerrys PASTA

Lieblingspastasaucen aus dem Thermomix®

LEMPERTZ

INHALT

GRUNDREZEPTE

KLASSIKER

PASTA TRIFFT MEER

PASTASAUCEN MIT FLEISCH UND GEFLÜGEL

VEGETARISCHE PASTASAUCEN

NUDELSALATE UND PESTOS

GNOCCHIREZEPTE

Es ist besser, zu genießen und zu bereuen, als zu bereuen, dass man nicht genossen hat.

Giovanni Boccaccio

Liebe Thermomixfreunde,

Pasta geht immer! Schon seit tausenden von Jahren ist Pasta weltweit ein praktisches und wichtiges Grundnahrungsmittel. Die Italiener entdeckten schon im Mittelalter ihre ganz besondere Liebe zur Pasta; seitdem ist sie ein unangefochtenes Nationalgericht.

Der eigentliche Star eines Pastagerichtes aber ist die Sauce! Erst sie verleiht dem Gericht Geschmack und Farbe. Gerry ist ein Spezialist für Pastasaucen und wir vom Team mixtipp sind seinen Saucen regelrecht verfallen! Egal ob vegetarisch, mit Geflügel, Fleisch oder Fisch – Gerry hat zu jedem Thema eine passende Sauce. Verwöhne deine Gäste doch mal mit einer weißen Tomaten-Vanille-Sauce und wenn es mal schnell gehen muss, sind Gerrys schnelle Räucherlachs-Spaghetti eine sehr gute Wahl. Klassiker wie Pasta Quattro Formaggi oder Tomatensauce alla Nonna runden das Bild ab.

Euer Pastagericht wird zu einem ganz besonderen Highlight, wenn ihr neben der Pastasauce auch noch Gerrys Rezept für selbstgemachten Nudelteig ausprobiert.

Mit vielen Tipps und Informationen rund um das Thema Pasta seid ihr mit diesem Buch perfekt ausgestattet, egal ob es unter der Woche schnell gehen soll oder ihr für eure Gäste mal eine edle Pastavariante zubereiten wollt!

Probiert einfach gleich ein Rezept aus, wir wünschen euch viel Spaß dabei!

Antje Watermann

Herausgeberin, Edition Lempertz

GERRYS PASTA

Wohl kaum ein Lebensmittel ist weltweit so bekannt und beliebt wie die Nudel. Es gibt sie in den unterschiedlichsten Formen, Farben und Größen. Da ist für jeden etwas dabei.

Doch wo kommt die Nudel eigentlich her?

Der erste Gedanke ist: „Natürlich aus Italien!" Wenn man sich die Namen der unterschiedlichen Nudelsorten einmal anschaut – Fusilli, Tagliatelle, Spaghetti usw. – dann wäre das doch naheliegend?
Tatsächlich aber haben Forscher herausgefunden, dass die Chinesen schon vor 4000 Jahren Nudeln hergestellt haben. Bekannt war das Lebensmittel allerdings wohl nicht nur den Chinesen, sondern auch den Arabern und den Griechen.
Wer die Nudel erfunden hat, ist heute also nicht mehr ganz so genau zu sagen. Es steht aber fest, dass sie schon viele Tausend Jahre als leicht herzustellendes Grundnahrungsmittel bekannt ist. Die preiswerte Herstellung und die gute Lagermöglichkeit haben dies begünstigt.

Im Mittelalter entwickelte sich Italien zum unangefochtenen Pastaland Nummer eins. Die ersten Hochburgen waren Neapel und Palermo. Bis heute gilt die Pasta in Italien als Nationalgericht. Die Nudelsorten aus Italien haben sich dann auch bei uns in Deutschland mit Form und Namen ihrer italienischen Vorbilder etablieren können. Die Schwaben allerdings haben mit den Spätzle auch eine eigene Nudelsorte kreiert.
Anders als in Deutschland oder anderen Ländern nimmt Pasta in Italien auch in der Menüreihenfolge eine besondere Stellung ein: Dort ist das Pastagericht als sogenannter primo piatto ein eigenständiger Menüpunkt, bevor noch ein weiteres Fleisch- oder Gemüsegericht folgt.
So viel zur Geschichte der Pasta.

Nun zu der Frage:
Was steckt in Pasta drin?

Die Nudelsorten, die am meisten verkauft werden, bestehen gerade mal aus zwei Zutaten: Hartweizengrieß und Wasser. Diese Zutaten sind typisch für italienische Nudeln. Der Grieß verbindet sich gut mit dem Wasser und lässt einen weichen Teig entstehen, der aber gleichzeitig elastisch genug bleibt, um daraus Nudeln zu formen. Auch bei der Trocknung des Teiges ist der Hartweizengrieß wichtig, denn er verhindert, dass die Nudeln im trockenen Zustand leicht brechen. In Italien wird dazu ein spezielles Hartweizenmehl der Type 00 angeboten, was bei uns auch als Pizzamehl im gut sortierten Supermarkt zu erhalten ist.

Für die schnelle Herstellung eines eigenen Nudelteigs kannst du auf normales Weizenmehl, Type 405 zurückgreifen und zusätzlich Eier in den Teig geben. Dieser Nudelteig eignet sich besonders, um Bandnudeln herzustellen. Du lässt ihn nur leicht antrocknen und anschließend werden die Nudeln direkt gekocht und zu einem Nudelgericht verarbeitet.

Die Eier im Teig geben der Nudel mehr Farbe und Geschmack und außerdem verbessern sie ihre Kocheigenschaften.

Auch das Angebot an Vollkornnudeln oder Nudeln aus Dinkelmehl ist weiter angestiegen.

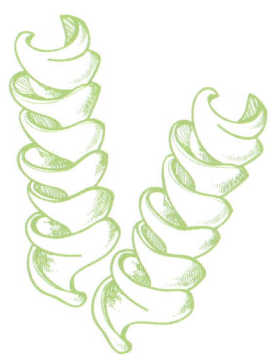

Einen ganz besonderen Reiz verleihst du deinen Nudeln, wenn du sie noch natürlich färbst.

Grüne Nudeln erhältst du, wenn du zu Gerrys Grundrezept für Nudelteig (s. S. 18) noch 150 g TK-Blattspinat gibst. Der Spinat wird dafür kurz in Salzwasser weich gekocht und ausgedrückt. Zerkleinere ihn dann im Mixtopf für 10 Sekunden/ Stufe 6 und mische den Spinat unter den Teig.

Einen roten Nudelteig kannst du beispielsweise durch die Zugabe von 50 g Tomatenmark erreichen oder du pürierst 100 g vorgekochte Rote Bete 8 Sekunden/ Stufe 8 im Mixtopf und mischst diese unter den Teig.

Ob gekauft oder selbst gemacht, die Kochzeit ist je nach Nudelsorte unterschiedlich, aber es gibt ein paar Dinge, die du immer beachten solltest, wenn du Nudeln kochst.

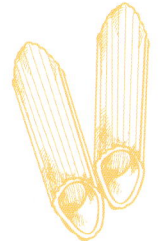

1. Suche dir zunächst einen ausreichend großen Topf und fülle den Topf pro 100 g ungekochter Nudeln mit je 1 Liter Wasser. Lass das Wasser aufkochen und gib dann pro 100 g Nudeln 1 TL Salz in das Wasser. Es ist wichtig, dass du das Salz erst in das kochende Wasser gibst, denn es beschädigt sonst den Kochtopf.

2. Gib die Nudeln in das kochende Salzwasser und rühre sie zwischendurch um, so verhinderst du, dass sie zusammenkleben.

3. Koche die Nudeln so lange, wie auf der Packungsanweisung angegeben. Selbst gemachte Nudeln haben eine sehr kurze Kochzeit von 1–2 Minuten. Mache am Ende der Kochzeit eine Garprobe. Die Nudeln sollten von innen bissfest sein.

4. Wenn die Nudeln gar sind, gieße sie ab und fange sie dabei in einem Sieb auf. Schrecke die Nudeln nicht mit kaltem Wasser ab, denn dann verbinden sie sich viel besser mit der Sauce. Vermische die abgetropften Nudeln direkt mit der Sauce.

In diesem Buch hat Gerry für dich eine Vielzahl von Saucenrezepten zusammengestellt, die du mit der Pasta deiner Wahl kombinieren kannst.
Wenn du dich dafür entscheiden solltest, deinen Nudelteig selbst herzustellen, beachte, dass dies zusätzliche Zeit in Anspruch nimmt. Die reine Kochzeit der selbst gemachten Nudeln ist im Vergleich zu gekauften Nudeln aber um einiges geringer. Berücksichtige bei den Rezepten immer die Kochzeit der Nudeln, die du verwenden möchtest und die Kochzeit der Sauce, und achte darauf, dass Nudeln und Sauce ungefähr gleichzeitig fertig sind.

AUBERGEWÜRZ FÜR F

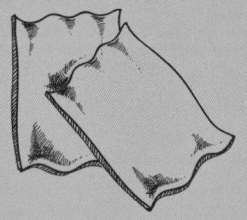

GRUNDREZEPTE

Ich bin froh, dass ich
mein Essen nicht jagen
muss. Ich wüsste nicht,
wo Pasta liegt.

1 Glas · 10 Min. · leicht

GERRYS ZAUBERSALZ

Zubereitungszeit: 10 Minuten
Utensilien: 1 Schraubglas
à 400 ml
Zutaten für 1 Glas

---

10 g Zitronengras, gefrier-
getrocknet, z.B. von Ostmann

---

5 Wacholderbeeren

---

1 Lorbeerblatt, getrocknet

---

2 kleine Chilischoten

---

3 EL Zwiebelgranulat,
z.B. von Ostmann

---

2 EL Knoblauchgranulat,
z.B. von Sonnentor

---

4 EL Suppengrün, getrocknet

---

1 TL Thymian, getrocknet

---

5 Pimentkörner

---

1 TL Currypulver

---

2 TL Liebstöckelpulver

---

1 TL Paprikapulver, rosenscharf

---

300 g feines Meersalz,
z.B. Fleur de Sel

Gerrys Zaubersalz ist Kräutersalz vom feinsten ...
Wichtig: Nur getrocknete Zutaten verwenden!

1. Als Erstes gibst du das Zitronengras in den Mixtopf und zerkleinerst es 15 Sekunden/ Stufe 10,
schiebst die Stückchen mit dem Spatel nach unten und
wiederholst den Vorgang 15 Sekunden/ Stufe 10.
Warte 2 Minuten, bevor du den Deckel öffnest, da es
sehr staubt.

2. Nun fügst du Wacholderbeeren, Lorbeerblatt,
Chilischoten, Zwiebelgranulat, Knoblauchgranulat,
Suppengrün, Thymian und Pimentkörner hinzu und
zerkleinerst die Zutaten 20 Sekunden/ Stufe 9.

3. Ergänze den Mixtopfinhalt um Currypulver, Liebstöckelpulver, Paprikapulver und Meersalz und verarbeite
die Zutaten 1 Minute/ Stufe 5 zu einem leckeren Salz.

4. In einem trockenen Schraubglas hält das Kräutersalz monatelang.

mixtipp

Dieses feine Würzsalz
schmeckt zu Fleisch,
Fisch, Gemüse oder
auch Eierspeisen.

1 Glas   5 Min.   leicht

GERRYS ZAUBERGEWÜRZ FÜR FLEISCH

Zubereitungszeit: 5 Minuten
Utensilien: 1 Schraubglas
à 400 ml
Zutaten für 1 Glas

20 g Zucker

1 EL feines Meersalz,
z.B. Fleur de Sel

1 EL Senfpulver

2 EL Chilipulver

2 EL Kreuzkümmel, gemahlen

1 EL Pfeffer, schwarz

1 EL Cayennepfeffer

2 EL Knoblauchgranulat,
z.B. von Sonnentor

4 EL Paprikapulver, edelsüß

2 EL Sellerie-Salz,
z.B. von Ostmann

1 Chilischote, klein, getrocknet

1, 2, 3 – Zauberei … Manchmal kann zaubern so einfach sein!

1. Als Erstes gibst du den Zucker in den Mixtopf und pulverisierst ihn 10 Sekunden/ Stufe 10 zu Puderzucker. Warte 2 Minuten, bevor du den Deckel öffnest, da es sehr staubt.

2. Nun fügst du Meersalz, Senf- und Chilipulver, Kreuzkümmel, Pfeffer, Cayennepfeffer, Knoblauch, Paprikapulver, Sellerie-Salz und Chilischote hinzu und zerkleinerst die Zutaten 15 Sekunden/ Stufe 4. Fertig ist das Zaubergewürz!

mixtipp

Du kannst trocken damit zaubern oder das Gewürz mit Olivenöl, Honig und Sojasauce anrühren!

ZAUBERGEWÜRZ FÜR FLEIS

mixtipp

Besonders raffiniert ist es, wenn du das Zaubergewürz mit 2 EL Whiskey anrührst und damit z.B. Steaks einreibst.

4 Portionen | 1h 30–45 Min. | mittel

GERRYS NUDELTEIG, HAUSGEMACHT

Zubereitungszeit: 15 Minuten
Ruhezeit: 1 Stunde
15–30 Minuten
Utensilien: Backblech
Zutaten für 4 Portionen

4 Eier, Größe M

400 g Weizenmehl, Type 405
oder 550 + Weizenmehl für die
Arbeitsfläche

1 TL Gerrys Zaubersalz
(s. S. 14)

Polenta für das Backblech

*Willkommen im Pasta-Himmel!
Auch ohne Nudelmaschine sind frische Nudeln
schnell gemacht.*

1. Verarbeite im Mixtopf Eier, Weizenmehl und Gerrys Zaubersalz 5 Minuten / Teigknetstufe zu einem Teig. Lass den Teig nun abgedeckt in einer Schüssel 30 Minuten ruhen. Danach knetest du den Teig mit der Hand noch mal kurz durch. Der Teig darf und soll etwas zäh sein!

2. Jetzt rollst du den Teig auf einer bemehlten Arbeitsfläche dünn aus und schneidest ihn mit einem Messer oder auch einem Teigrädchen in gleich große Streifen. (Dünn oder auch breiter – je nach Wunsch.) Das Ergebnis lässt du auf einem mit etwas Polenta bestreuten Backblech etwa 45–60 Minuten in einem warmen Raum trocknen. Es geht nicht darum, dass die Nudeln hart wie die gekauften werden, sie sollen nur etwas an Feuchtigkeit verlieren. Du kannst den Teig natürlich auch in eine andere Form deiner Wahl schneiden.

3. Die Kochzeit (der Italiener sagt dazu cottura) beträgt bei diesen hausgemachten feinen Nudeln im kräftig gesalzenen, kochenden Wasser maximal 3 Minuten! Wenn sie im Salzwasser hochkommen, sind sie fertig! Viel Freude mit diesen feinen und vor allem einfachen Nudeln.

mixtipp
Wer eine Nudelmaschine hat, spart sich das Schneiden. Ich habe keine!!!

ca. 800 g | 40 Min. | mittel

GRUNDREZEPT FÜR GNOCCHI

Zubereitungszeit: 40 Minuten
Zutaten für ca. 800 g

500 g Kartoffeln,
mehligkochend, geschält, in
groben Stücken

500 g Wasser

5 g Salz

140 g Weizenmehl, Type 405 +
Weizenmehl für die Arbeitsfläche

70 g Hartweizengrieß

2 Eigelb, Größe M

Gerrys Zaubersalz, nach
Belieben (s. S. 14)

10 g gutes Olivenöl

1. Schäle die Kartoffeln, schneide sie in grobe Stücke und gib sie in das Garkörbchen. Fülle Wasser und Salz in den Mixtopf und hänge das Garkörbchen ein. Koche nun darin die Kartoffeln 25 Minuten/ Varoma/ Stufe 1. Nach dem Kochen entfernst du das Garkörbchen vorsichtig mithilfe des Spatels und stellst die Kartoffeln zum Ausdämpfen beiseite. Gieße das Garwasser ab.

2. Gib gekochte Kartoffeln, Weizenmehl, Hartweizengrieß, Eigelb, Gerrys Zaubersalz und Olivenöl in den Mixtopf und verrühre die Zutaten 4 Minuten/ Teigknetstufe. Nun formst du mit bemehlten Händen auf einer mit Mehl bestäubten Arbeitsfläche aus dem Teig eine Rolle mit ca. 2 cm Durchmesser und schneidest diese in 1 cm breite Stücke. Mit einer Gabel drückst du die Teigstücke jeweils etwas ein. So nehmen sie die Sauce besser auf.

3. Koche die Gnocchi auf dem Herd in einem Topf mit heißem Salzwasser. Sobald diese im Wasser hochkommen, reduzierst du die Temperatur und lässt sie 3 Minuten darin ziehen. Anschließend seihst du die Gnocchi mit einer Schöpfkelle aus dem Wasser, lässt sie auf Küchenpapier etwas abtropfen und servierst sie mit einer Sauce deiner Wahl.

KLASSIKER

Farfalle sind die einzigen
Schmetterlinge, die ich im
Bauch haben möchte.

2 Portionen | 20 Min. | leicht

GERRYS SCHNELLE LIEBLINGSPASTA AGLIO, OLIO E PEPERONCINO

Zubereitungszeit: 20 Minuten
Zutaten für 2 Portionen

400 g Spaghetti

2 Knoblauchzehen, in Scheiben

1 Chilischote, rot, entkernt, in Röllchen

70 g gutes Olivenöl

1 gestr. TL Gerrys Zaubersalz (s. S. 14)

Pfeffer, frisch gemahlen, nach Belieben

1 EL Petersilienblätter, frisch

 *Ich liebe dieses schnelle klassische Pasta-Gericht!*

1. Koche die Pasta (meistens nehme ich Spaghetti) nach Packungsanweisung in einem Topf auf dem Herd mit kräftig gesalzenem, kochendem Wasser bissfest. Es muss nach Meer schmecken!

2. Nun darf der Thermomix® ran: Schäle den Knoblauch und schneide ihn in dünne Scheiben. Entkerne die Chilischote, schneide sie in Röllchen und gib sie zusammen mit dem Knoblauch und 10 g Olivenöl in den Mixtopf dazu. Dünste die Mischung 2 Minuten/ Varoma/ Linkslauf/ Stufe 2 an. Gib danach die restlichen 60 g Olivenöl, Zaubersalz und Pfeffer dazu und verrühre die Zutaten kräftig 30 Sekunden/ Linkslauf/ Stufe 2.

3. Vermische das duftende Ergebnis mit der abgetropften Pasta und serviere das Gericht in großen Pastatellern. Hübsche die Teller vor dem Servieren noch mit den frischen Petersilienblättern auf.

mix*tipp*
Ich liebe dazu Kopfsalat mit gebratenen Speckwürfelchen.

4 Portionen

40 Min.

leicht

GERRYS SPAGHETTINI CARBONARA

Zubereitungszeit: 40 Minuten
Zutaten für 4 Portionen

500 g Spaghettini

120 g Parmesan, in Stücken

180 g durchwachsener Speck, gewürfelt

30 g Olivenöl

80 g Milch, 1,5 % Fett, alternativ 3,5 % Fett

3 Eier, Größe M

1 gestr. TL Gerrys Zaubersalz (s. S. 14)

¼ TL Muskatnuss, frisch gerieben

Pfeffer, frisch gemahlen, nach Belieben

grüne Kräuter, frisch, gehackt, zum Dekorieren

Ein Klassiker aus Italien, der meist mit viel Sahne zubereitet wird. Ich habe bewusst darauf verzichtet.

1. Zunächst kochst du die Spaghettini auf dem Herd nach Packungsanleitung in einem Topf mit kräftig gesalzenem, kochendem Wasser bissfest.

2. Zerkleinere den Parmesan im Mixtopf 10 Sekunden/ Stufe 10 und fülle ihn in eine Schale um.

3. Dünste Speckwürfel mit Olivenöl im Mixtopf 8 Minuten/ 100°C/ Stufe 1 an und fülle diese in eine separate Schüssel um. Warte 3 Minuten, damit der Mixtopf etwas auskühlt.

4. Verrühre nun Milch, Eier, Gerrys Zaubersalz, Muskatnuss und Pfeffer im Mixtopf 8 Sekunden/ Stufe 4 zu einer Eiermilch.

5. Gieße das Nudelwasser der fertigen Spaghettini ab und gib die Eiermilch in den noch heißen Topf zu den Nudeln. Gib auch die Speckwürfel dazu und rühre sie unter. Lass das ganze etwas stocken und serviere das Gericht in vorgewärmten Pastatellern. Bestreue diese vor dem Servieren mit dem gemahlenen Parmesan und gib a bißl Grün darüber. Das macht sich gut auf den Tellern.

mix**tipp**

Wenn du den Speck lieber kross möchtest, solltest du ihn in einer Pfanne braten.

4 Portionen | 40 Min. | leicht

GERRYS PASTA QUATTRO FORMAGGI

Zubereitungszeit: 40 Minuten
Zutaten für 4 Portionen

100 g Parmesan, in Stücken

100 g Bergkäse, in Stücken, z.B. Appenzeller

100 g Greyerzer, in Stücken

500 g Pasta, nach Belieben, z.B. Farfalle, Rigatoni oder Spaghetti

2 Knoblauchzehen

150 g Gorgonzola (Blauschimmelkäse), in Stücken

50 g Butter, in Stücken

100 g Hühnerbrühe, warm, alternativ Gemüsebrühe

100 g Kochsahne, 15–20 % Fett

1 TL Gerrys Zaubersalz (s. S. 14)

1 EL italienische Kräuter, gerebelt

Pfeffer, nach Belieben

Diesen Klassiker beim Italiener kannst du jetzt selber machen.

1. Zuerst zerkleinerst du Parmesan, Bergkäse und Greyerzer im Mixtopf 12 Sekunden/ Stufe 8 und füllst die Käsemischung in eine Schüssel um.

2. Als Nächstes kochst du die Pasta deiner Wahl auf dem Herd nach Packungsanweisung in einem Topf mit reichlich kochendem Salzwasser bissfest. Das Wasser muss nach Meer schmecken.

3. Jetzt geht es mit dem Thermomix® weiter. Während die Pasta kocht, schälst du den Knoblauch und zerkleinerst diesen im Mixtopf 5 Sekunden/ Stufe 5. Schiebe die Stücke mit dem Spatel nach unten.

4. Nun gibst du die Käsemischung aus der Schüssel, Gorgonzola, Butter, Hühnerbrühe, Sahne, Gerrys Zaubersalz, italienische Kräuter und Pfeffer in den Mixtopf und lässt die Sauce 12 Minuten/ 90°C/ Stufe 1 schmelzen. Fertig ist Italiens weltberühmte Käse-Sauce. Richte die Pasta auf vorgewärmten Pastatellern an und überziehe diese mit dieser feinen Käse-Sauce.

6 Portionen | 2 h 40 Min. | leicht

GERRYS HIMMLISCHER SUGO AUS DER KLOSTERKÜCHE

Zubereitungszeit: 2 Stunden 40 Minuten
Zutaten für 6 Portionen

1 Zwiebel, halbiert

1 Möhre, geschält, in Stücken

30 g gutes Olivenöl

800 g Tomaten, geschält, aus der Dose, z.B. von Marzano

2 EL Tomatenmark

500 g kräftige Fleischbrühe

250 g Rotwein, trocken

5 g Zucker

1 TL Gerrys Zaubersalz (s. S. 14)

1 Zweiglein Rosmarin, gehackt

½ TL Oregano, gerebelt

4 Basilikumblätter, frisch, gehackt + zum Verzieren

Pfeffer, frisch gemahlen, nach Belieben

Das Geheimnis eines sehr guten Sugo heißt: laaange köcheln!
Diese Sauce ist, egal ob mit oder ohne Fleisch, wirklich himmlisch.

1. Als Erstes schälst du für den Sugo Zwiebel und Möhre und halbierst die Zwiebel. Schneide die Möhre in Stücke und zerkleinere sie mit der Zwiebel im Mixtopf 8 Sekunden/ Stufe 8. Schiebe die Stücke mit dem Spatel nach unten und dünste sie mit dem Olivenöl 4 Minuten/ 100°C/ Stufe 2 an.

2. Füge Tomaten, Tomatenmark, Fleischbrühe, Rotwein, Zucker, Gerrys Zaubersalz, gehackten Rosmarin, Oregano, gehackten Basilikum und Pfeffer dazu und koche die Sauce ohne Messbecher zuerst 50 Minuten/ 100°C/ Stufe 1 und danach ebenfalls ohne Messbecher weitere 90 Minuten/ 90°C/ Stufe 1. Nach dieser langen Kochzeit duftet dein Zuhause genau so herrlich wie eine Klosterküche.

3. Richte die Teller mit frischen Basilikumblättern verziert an.

mixtipp

Für die Variation alla Bolognese kannst du diese himmlische Sauce auch zusätzlich mit 400 g Rinderhackfleisch zubereiten. Dafür brate ich von Beginn an gerechnet nach 80 Minuten das Hackfleisch mit etwas Öl in einer Pfanne etwa 10 Minuten bei mittlerer Hitze an und würze dieses mit etwas Zaubersalz, Pfeffer und Rotwein, der verdampfen darf.

Dann gebe ich dieses in den Mixtopf dazu und lass es bis zum Schluss mit köcheln.

6 Portionen | 35 Min. | leicht

GERRYS FEINE TOMATENSAUCE ALLA NONNA

Zubereitungszeit: 35 Minuten
Zutaten für 6 Portionen

3 Knoblauchzehen

2 Zwiebeln, rot, halbiert

1 EL Tomaten, getrocknet,
in Stücken

30 g gutes Olivenöl

800 g Tomaten, stückig, aus der
Dose, z.B. von Marzano

3 EL Weißwein, trocken,
z.B. Riesling

1 gestr. TL Gerrys Zaubersalz
(s. S. 14)

Pfeffer, frisch gemahlen,
nach Belieben

1 EL Basilikum, frisch, gehackt

1 TL Oregano, gerebelt

Diese einfache Tomatensauce ist und schmeckt genial!

1. Schäle Knoblauch und Zwiebeln und gib die Zwiebeln halbiert zusammen mit Knoblauch und getrockneten Tomaten in den Mixtopf. Zerkleinere die Zutaten 12 Sekunden/ Stufe 7 und schiebe die Stücke mit dem Spatel wie immer nach unten. Gib das Olivenöl dazu und dünste die Mischung 4 Minuten/ 100°C/ Stufe 2.

2. Füge die stückigen Tomaten und den Wein hinzu und gare die Sauce 7 Minuten/ 100°C/ Stufe 2. Zum Schluss würzt du sie noch mit Gerrys Zaubersalz, Pfeffer, Basilikum und Oregano und vermischst die Zutaten 20 Sekunden/ Stufe 4.
Fertig ist die Sauce.

mixtipp

Natürlich passt diese Tomatensauce genial zu Pasta aller Art. Sie schmeckt aber genauso köstlich zu Kartoffelbrei, Reis und gibt auch Hühnchenfleisch den letzten Pfiff.

4 Portionen

30 Min.

leicht

GERRYS EINFACHE UND KÖSTLICHE KRÄUTER-SAHNE-SAUCE

Zubereitungszeit: 30 Minuten
Zutaten für 4 Portionen

1 Schalotte, halbiert

1 Handvoll Basilikumblätter, frisch

1 Handvoll Schnittlauch, frisch, in groben Stücken

1 Handvoll Petersilie, frisch

1 Handvoll Dill, frisch

60 g Butter, in Stücken

40 g Weizenmehl, alternativ Speisestärke

400 g Fleischbrühe, heiß, alternativ Gemüsebrühe

1 Eigelb, Größe M (optional)

130 g Sahne

½ TL Gerrys Zaubersalz (s. S. 14)

2 TL Zitronensaft

Aus gegebenem Anlass:
Dieses Rezept stammt nicht aus Hessen ... grins.

1. Schäle als Erstes die Schalotte, halbiere sie und zerkleinere sie im Mixtopf 5 Sekunden/ Stufe 5. Schiebe die Stücke mit dem Spatel wie immer nach unten.

2. Wasche Basilikum, Schnittlauch, Petersilie und Dill und füge die Kräuter in den Mixtopf hinzu. Hacke die Zutaten 8 Sekunden/ Stufe 8. Schiebe wieder die Stücke mit dem Spatel nach unten. Danach gibst du Butter und Weizenmehl dazu und schwitzt die Mischung 4 Minuten/ Varoma/ Stufe 1 an.

3. Danach stellst du den Thermomix® auf 12 Minuten/ 100°C/ Stufe 2 ein, gibst dabei nach und nach die Fleischbrühe durch die Deckelöffnung dazu und lässt die Sauce durchkochen.

4. Verrühre nun in einer Schale das Eigelb mit der Sahne und gib die Mischung mit Gerrys Zaubersalz und Zitronensaft in den Mixtopf dazu. Vermische die Zutaten 15 Sekunden/ Stufe 4 und fertig ist deine Sauce.

mixtipp

Diese Sahne-Kräuter-Sauce passt nicht nur zu Pasta, Fisch und Kalbfleisch, sondern auch hervorragend zu Spargel und Eierspeisen.

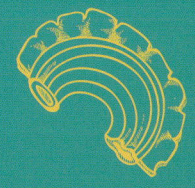

PASTA
TRIFFT MEER

Immer, wenn man mir erzählt,
wie schlimm Kohlenhydrate sind,
umarme ich meine Packung Nudeln
und flüstere:
„Wir zwei gegen die Welt"

4 Portionen   20 Min.   leicht

GERRYS SCHNELLE RÄUCHERLACHS-SPAGHETTI

Zubereitungszeit: 20 Minuten
Utensilien: Pfanne
Zutaten für 4 Portionen

400 g Spaghetti

1 TL Sesam

1 Schalotte, halbiert

10 g natives Olivenöl

200 g Räucherlachs, in groben Stücken

Saft von ½ Limette

1 EL Sherry, trocken

1 TL Petersilie, frisch, gehackt, alternativ getrocknet

2 TL Gerrys Zaubersalz (s. S. 14)

150 g Sahne

Schnittlauchröllchen zum Bestreuen

Wenn´s mal schnell gehen soll …
So einfach ist ein wunderbares Essen für alle ganz schnell fertig.

1. Zunächst kochst du die Spaghetti auf dem Herd nach Packungsanweisung in einem Topf mit reichlich kochendem Salzwasser bissfest. Es muss nach Meer schmecken!

2. Röste den Sesam in einer fettfreien Pfanne auf mittlerer Stufe an, bis er duftet und stelle ihn beiseite.

3. Schäle die Schalotte, halbiere sie und zerkleinere sie im Mixtopf 5 Sekunden/ Stufe 5. Schiebe die Stücke mit dem Spatel nach unten und dünste sie mit dem Olivenöl 4 Minuten/ Varoma/ Stufe 1 an.

4. Schneide den Räucherlachs in grobe Stücke und gib ihn in den Mixtopf dazu. Zerkleinere den Lachs 2 Minuten/ Stufe 3. Die Lachsstückchen sollten noch erkennbar sein!

5. Danach gibst du Limettensaft, Sherry, Petersilie, Gerrys Zaubersalz, Sesam und Sahne in den Mixtopf dazu und erhitzt die Sauce 5 Minuten/ Varoma/ Linkslauf/ Stufe 1.

6. Vermische die Spaghetti mit der Sauce und richte sie in vorgewärmten Pastatellern mit Schnittlauchröllchen bestreut an.

mixtipp

Wer es mag, kann das ganze mit Chili schärfen und zum Garnieren jeweils eine Scheibe geräucherten Lachs und etwas frische Petersilie auf die Nudeln drapieren.

4 Portionen | 11 h | schwer

GERRYS HUMMER-SPAGHETTI AN SILVESTER

Zubereitungszeit: 1 Stunde
Auftauzeit: 10 Stunden
Utensilien: Pfanne,
Hummerzange
Zutaten für 4 Portionen

1 TK-Hummer, gekocht (das ist eher ein Babyhummer, der im Supermarkt angeboten wird), in 5 mm Scheiben

1 TK-Langustenschwanz, roh, ausgelöst, in 5 mm Scheiben

500 g Spaghetti

1 Schalotte, halbiert

1 Knoblauchzehe (nur wer mag)

10 g gutes Olivenöl

200 g Wasser

½ TL Gerrys Zaubersalz (s. S. 14)

25 g Hummer-Paste für Saucen, z.B. von Jürgen Langbein, erhältlich bei REWE

1 EL Cognac

150 g Sahne zum Schlagen, 30–40 % Fett

1 TL Petersilie, frisch, gehackt

Olivenöl oder Butter zum Braten

Mit diesem Rezept kannst du bei deinen Freunden und Gästen echt punkten. Das geht schon langsam in Richtung Sterneküche.

Vor vielen Jahren habe ich für und mit meinen Zwillingen den ersten Hummer gemacht. Ohne Hummerzange natürlich! Da waren sie beide acht Jahre alt. Wir behalfen uns mit Holzbrett, Hammer und Messer. War das eine Gaudi! Daran können sich meine Kinder (ich auch) noch ganz genau erinnern. Vielleicht geht es dir beim ersten Hummer ähnlich. Ich wünsche dir und deinen Gästen einfach nur viel Freude und feinen Genuss!!!

Ein Zaubergericht der Superklasse! Ist nicht ganz einfach, aber trau dich ran!

mixtipp

Vielleicht noch ein kleiner Hinweis: ungekochter Hummer ist eher grau. Erst beim Kochen entsteht diese typische rote Farbe.

Fortsetzung Seite 42

mixtipp

Ich variiere das Rezept, indem ich zu der Sauce einige geschälte Dosentomaten in Stücken hinzugebe.

Fortsetzung

GERRYS HUMMER-SPAGHETTI AN SILVESTER

1. Beide edlen Meeresbewohner sind in der Regel tiefgefroren, wenn sie bei uns ankommen. Also lass sie erst einmal über Nacht im Kühlschrank auftauen.

2. Für vier Portionen reicht ein Babyhummer nicht aus, also nimmst du entweder 2 davon, oder wie in meinem Fall, nimmst du einen schönen Langustenschwanz dazu. Da dieser aber noch roh war, musste ich ihn ausgelöst, in etwa 5 mm Scheiben schneiden und in Butter, alternativ kannst du auch Olivenöl nehmen, kurz anbraten. Er darf ruhig etwas glasig aussehen! Danach legst du ihn beiseite.

3. Nun zerlegst du den Hummer: Das geht am besten mit einer Hummerzange. Übrigens ist das eine gute Investition in die Zukunft. Du wirst ab jetzt öfter diese Zange brauchen, so klasse ist dieses Gericht. Wir schneiden auch den ausgelösten und schon gekochten Hummerschwanz in 5 mm Scheiben und legen sie mit dem ausgelösten Fleisch der Hummerscheren zu den beiseite gelegten Langustenstücken.

4. Als Nächstes kochst du die Spaghetti auf dem Herd nach Packungsanweisung in einem Topf mit kochendem Salzwasser bissfest.

5. Während die Spaghetti kochen, schaltest du den Thermomix® ein und machst die Sauce. Dafür schälst du Schalotte und Knoblauch, halbierst die Schalotte und zerkleinerst diese mit dem Knoblauch im Mixtopf 5 Sekunden/ Stufe 5. Schiebe anschließend die Stücke mit dem Spatel nach unten und dünste sie mit dem Olivenöl 3 Minuten/ 100°C/ Stufe 1 an.

6. Gib Wasser, Gerrys Zaubersalz und Hummer-Paste dazu und koche die Zutaten 4 Minuten/ Varoma/ Stufe 2 auf.

7. Setze nun dem Gericht die Krone auf. Füge Cognac, Sahne und gehackte Petersilie dazu und vermische die Zutaten 40 Sekunden/ 100°C/ Stufe 2.

8. Ab jetzt ist der Linkslauf ganz wichtig!!! Gib das Hummer- und Langustenfleisch in die köstliche Sauce und vermische es vorsichtig darin 50 Sekunden/ 100°C/ Linkslauf/ Stufe 1. Wer nicht auf Kalorien achten muss, dem empfehle ich 1 EL kalte Butter dazu zu geben, das schmeckt echt geil!

9. Zu guter Letzt gibst du die abgetropften Spaghetti portionsweise in vorgewärmte Pastateller und überziehst die Pasta mit der himmlischen Sauce mit den Hummer- und Langustenstücken.

2 Portionen | 25 Min. | schwer

GERRYS SPAGHETTINI VONGOLE

Zubereitungszeit: 25 Minuten
Zutaten für 2 Portionen

1 Schalotte, halbiert

2 Knoblauchzehen

1 kleine Chilischote, getrocknet
(wenn Kinder mitessen, lieber
weglassen)

20 g gutes Olivenöl

1 EL Tomatenmark

400 g Tomaten, aus der Dose, z.B.
von Marzano (das sind die besten!)

½ TL Zucker

1 gestr. TL Gerrys Zaubersalz
(s. S. 14)

Pfeffer, nach Belieben

½ TL Oregano, gerebelt

½ EL Aceto balsamico, dunkel
(rundet den Geschmack ab)

250 g Spaghettini

130 g Vongole al natural, ohne
Schale, abgetropft, aus dem Glas
(auch als Venusmuscheln bekannt)

Basilikum, in Streifen,
zum Dekorieren

Fortsetzung Seite 44

GERRYS PASTA

Fortsetzung
GERRYS SPAGHETTINI VONGOLE

Diesen Klassiker gibt es künftig nicht nur beim feinen Italiener, sondern auch in deiner Küche.

1. Schäle zuerst die Schalotte und den Knoblauch, halbiere die Schalotte und zerkleinere diese mit Knoblauch und Chilischote im Mixtopf 5 Sekunden/ Stufe 5. Schiebe die Stücke mit dem Spatel nach unten und gib Olivenöl und Tomatenmark hinzu. Dünste die Mischung 2 Minuten/ 100°C/ Stufe 2.

2. Füge nun Tomaten, Zucker, Gerrys Zaubersalz, Pfeffer, Oregano und Aceto balsamico in den Mixtopf hinzu und koche die Zutaten 10 Minuten/ 100°C/ Stufe 2 zu einem Sugo.

3. Wenn du jetzt die Spaghettini nach Packungsanleitung in einem Topf auf dem Herd mit kräftig gesalzenem, kochendem Wasser bissfest kochst, stimmt dein Timing!

4. Nach der Kochzeit des Sugos gibst du noch die abgetropften Vongole zu deinem feinen Sugo im Mixtopf dazu und erwärmst sie darin 3 Minuten/ 90°C/ Linkslauf/ Stufe 1. Der Linkslauf ist hier wichtig!

5. Serviere die abgetropften Spaghettini mit der Sauce in vorgewärmten tiefen Pastatellern und dekoriere das Gericht mit etwas in Streifen geschnittenem Basilikum.

mixtipp

Diese feinen Vongole oder auch Venusmuscheln al natural gibt es in gut sortierten Supermärkten. Mittlerweile kaufe ich sie im Internet oder am Gardasee in beinah jedem kleinen Lebensmittelladen.

2 Portionen | 20 Min. | leicht

GERRYS PASTA TONNATA –

GEILE THUNFISCH-SPAGHETTI

Zubereitungszeit: 20 Minuten
Zutaten für 2 Portionen

250 g Spaghetti

2 ganze Eier, Größe M, roh,
ohne Schale (grins)

160 g Thunfisch, aus der Dose,
in Lake, abgetropft

2 Sardellenfilets, in Salz eingelegt

Saft von ½ Limone

1 TL Gerrys Zaubersalz (s. S. 14)

½ TL Pfeffer, frisch gemahlen

4 TL Kapern, eingelegt

150 g Rapsöl

20 g gutes Olivenöl

*Diese geilen Spaghetti sind der Hammer!
Von der Menge her ist dieses Rezept für
2 hungrige feinschmecker konzipiert. Es eignet sich
aber auch wunderbar als kleiner Zwischengang
für 4 Personen. Ich liebe es!*

1. Zuerst kochst du die Spaghetti nach Packungsanweisung in einem Topf auf dem Herd mit reichlich
kochendem Salzwasser bissfest.

2. In der Zwischenzeit vermischst du Eier, Thunfisch,
Sardellenfilets, Limonensaft, Gerrys Zaubersalz, Pfeffer und die Kapern im Mixtopf 2 Minuten/ Stufe 4.

3. Nach einer Minute gibst du das Rapsöl mit ge-
schlossenem Messbecher langsam auf den Deckel.
Der Messbecher ist so geformt, dass das Öl ganz
langsam in den Mixtopf tropfen kann. Das wissen
übrigens noch lange nicht alle Thermomix®-Fans!
Vor Ablauf der Rührzeit gibst du noch das Olivenöl
über den Deckel hinzu.

4. Zum Servieren gibst du die Nudeln in große
Pastateller, verteilst darüber diese feine Thunfisch-
sauce und bestreust das Gericht mit etwas Oregano.
Ich benutze zum Garnieren auch gerne ein paar Kapern und wenn jemand keine Kapern mag, bekommen
die anderen Mitesser einfach mehr davon.

mixtipp

Dazu serviere ich gerne
Bohnensalat, aber es
passt nahezu jeder
Salat dazu.

4 Portionen | 20 Min. | leicht

GERRYS SCHNELLE THUNFISCH-RÄUCHERLACHS-PASTA

Zubereitungszeit: 20 Minuten
Zutaten für 4 Portionen

500 g Pasta, ich habe diesmal
Fusilli genommen, die nehmen die
köstliche Sauce besonders gut auf

2 Schalotten, halbiert

1 Knoblauchzehe

¼ Chilischote, rot, mild

1 EL Olivenöl

150 g Thunfischfilet, in eigenem
Saft, aus der Dose, in groben
Stücken

250 g Stremellachs, ohne Haut,
über Buchenholz geräuchert,
in groben Stücken

1 TL Zitronensaft

75 g Kräuterquark

75 g Kochsahne, 15–20 % Fett

2 TL Gemüsebrühe

1 TL Gerrys Zaubersalz (s. S. 14)

1 geh. EL Erbsen, aus der Dose

1 EL Algensalat, grün,
zur Dekoration, optional

1. Erhitze zunächst auf dem Herd reichlich Salzwasser in einem Topf und koche darin die Pasta nach Packungsanweisung bissfest. Das dauert ca. 15 Minuten.

2. In der Zwischenzeit schälst du die Schalotten und den Knoblauch. Halbiere die Schalotten und wasche und entkerne die Chilischote. Gib Schalotten, Knoblauch und Chili in den Mixtopf und zerkleinere die Zutaten 5 Sekunden/ Stufe 5. Schiebe die Stücke mit dem Spatel nach unten und dünste sie mit dem Olivenöl 4 Minuten/ 100°C/ Stufe 1 an.

3. Schneide Thunfisch und Lachs in grobe Stücke und gib diese in den Mixtopf. Zerkleinere die Zutaten 4 Sekunden/ Stufe 4. Achte darauf, dass du den Fisch nicht pürierst. Schiebe die Stücke wieder mit dem Spatel nach unten.

4. Füge Zitronensaft, Kräuterquark, Sahne, Gemüsebrühe und Zaubersalz dazu und koche die Sauce 7 Minuten/ Varoma/ Stufe 1. Zuletzt gibst du noch die Erbsen dazu und mischst sie 3 Minuten/ 95°C/ Linkslauf/ Stufe 1 unter.

5. Richte die Nudeln mit der Sauce an und garniere sie, wenn du magst, mit dem Algensalat.

mixtipp
Ein Salatteller rundet diese
kleine Köstlichkeit ab.

mixtipp

Der grüne Algensalat ist sicher nicht jedermanns Sache. Er ist auch nicht wichtig für dieses feine Essen. Allerdings zur Dekoration macht dieses kräftige Grün viel her. Sonst nimm ersatzweise grüne Bohnen.

2 Portionen | 20 Min. | leicht

GERRYS SCHNELLE WILDLACHS-SPAGHETTI

Zubereitungszeit: 20 Minuten
Zutaten für 2 Portionen

250 g Spaghetti

½ Schalotte

1 EL Olivenöl

2 EL warme Gemüsebrühe, flüssig

200 g Wildlachs, aus der Dose, im eigenen Saft, alternativ: Thunfisch im eigenen Saft

½ TL Gerrys Zaubersalz

2 EL Kochsahne, 15–20 % Fett

½ TL Kurkuma, gemahlen

½ TL Pfeffer, schwarz, aus der Mühle

1 TL Petersilie, frisch oder getrocknet

Ein Traum, wenn's mal schnell gehen muss.
Ein besonders feines Essen,
das in wenigen Minuten fertig ist.

1. Erhitze auf dem Herd reichlich Salzwasser in einem Topf und koche darin die Spaghetti nach Packungsanweisung bissfest.

2. Schäle in der Zwischenzeit die Schalotte und gib sie in den Mixtopf. Zerkleinere die Schalotte 4 Sekunden/ Stufe 6 und schiebe die Stücke mit dem Spatel nach unten. Füge Olivenöl hinzu und dünste die Zwiebelstückchen 3 Minuten/ 100°C/ Stufe 1 an.

3. Füge warme Gemüsebrühe, Wildlachs in groben Stücken, Zaubersalz, Sahne, Kurkuma, Pfeffer und Petersilie in den Mixtopf hinzu und lass die Sauce 6 Minuten/ 100°C/ Linkslauf/ Stufe 1 köcheln.

4. Mittlerweile sind die Spaghetti auch fertig. Serviere die Spaghetti mit der Sauce auf vorgewärmten Pastatellern.

mixtipp

Zum Anrichten kannst du etwas gehobelten Parmesan und feine Streifen Zitronenschale über die Nudeln streuen.

2 Portionen | 30 Min. | leicht

GERRYS SPAGHETTI AL TONNO E VONGOLE

Zubereitungszeit: 30 Minuten
Zutaten für 2 Portionen

---

250 g Spaghetti

---

1 Schalotte, halbiert

---

2 Knoblauchzehen

---

20 g Olivenöl

---

400 g Tomaten, stückig, aus der Dose, z.B. von Marzano

½ TL Meersalz, alternativ Gerrys Zaubersalz (schmeckt besser, s. S. 14)

---

2 gestr. TL gekörnte Hühnerbrühe

½ TL Oregano, gerebelt

---

80 g Thunfisch, aus der Dose, im eigenen Saft, abgetropft

---

130 g Vongole al natural, ohne Schale, abgetropft, aus dem Glas (auch als Venusmuscheln bekannt)

Pfeffer, nach Belieben

Ein wundervolles und schnell zubereitetes Essen alla Italia.
Hab es erst heute wieder zum Abendessen gemacht.

1. Koche die Spaghetti auf dem Herd in einem Topf nach Packungsanweisung in reichlich kochendem Salzwasser bissfest.

2. Währenddessen schälst du Schalotte und Knoblauch, halbierst die Schalotte und zerkleinerst beide Zutaten im Mixtopf 5 Sekunden/ Stufe 5. Schiebe die Stücke wie immer mit dem Spatel nach unten, gib Olivenöl dazu und dünste die Mischung 4 Minuten/ 100°C/ Stufe 1 an. Füge Tomaten, Meersalz, gekörnte Hühnerbrühe und Oregano hinzu und koche die Sauce 10 Minuten/ 100°C/ Stufe 2 auf. Danach gibst du Thunfisch, Vongole und etwas Pfeffer dazu und kochst die Sauce weitere 7 Minuten/ 90°C/ Linkslauf/ Stufe 1.

mixtipp

Die Vongole, auch Venusmuscheln genannt, kann man mit und ohne Schale kaufen. Ich persönlich nehme aber die Vongole aus dem Glas ohne Schale. Sie sind so einfach besser zu essen.

3 Portionen | 25 Min. | leicht

GERRYS VENUSMUSCHELN VEREINT MIT KÖSTLICHEN KORIANDER-SPAGHETTI

Zubereitungszeit: 25 Minuten
Zutaten für 3 Portionen

400 g Spaghetti

1 Schalotte, halbiert

1 Knoblauchzehe

1 kleine Chilischote, rot, getrocknet

50 g gutes Olivenöl

2 Cherrytomaten, klein, entkernt, in kleinen Stücken

3 EL Hühnerbrühe, warm, alternativ Gemüsebrühe

1 TL Gerrys Zaubersalz (s. S. 14)

1 EL Gerrys Koriander-Pesto (s. S. 100)

70 g Venusmuscheln, aus dem Glas, abgetropft

1 Bund Koriander, frisch, grob geschnitten

Wer Spaghetti Vongole mag, wird auch mit dieser ganz anderen Art glücklich.

1. Während du die Spaghetti auf dem Herd in einem Topf mit kochendem Salzwasser (es muss nach Meer schmecken!) nach Packungsanweisung bissfest kochst, darf der Thermomix® in Aktion treten.

2. Schäle Schalotte und Knoblauch, halbiere die Schalotte und zerkleinere sie mit Knoblauch und Chilischote im Mixtopf 10 Sekunden/ Stufe 5. Danach schiebst du wie immer die Stücke mit dem Spatel nach unten und dünstest diese mit 10 g Olivenöl 2 Minuten/ Varoma/ Stufe 1 an.

3. Als Nächstes wäschst und befreist du die Tomaten von den Strunkansätzen, entkernst sie und schneidest sie in kleine Stücke. Gib diese zusammen mit warmer Hühnerbrühe, Gerrys Zaubersalz, Gerrys Koriander-Pesto, 40 g Olivenöl, abgetropften Venusmuscheln und der Hälfte der grob geschnittenen Korianderblätter dazu und vermische die Zutaten 1 Minute/ Varoma/ Linkslauf/ Stufe 1.

4. Zum Servieren streust du die 2. Hälfte der grob geschnittenen Korianderblätter auf die Pastateller (sieht auch gut aus!), richtest darauf die gekochten Spaghetti an und vereinst diese mit dem Ergebnis aus dem Thermomix®.

PASTASAUCEN MIT FLEISCH UND GEFLÜGEL

„Sie haben da was
am Mund...."
(Loriot, Die Nudel)

4 Portionen | 11 h | mittel

GERRYS RINDERFILET-GULASCH IM FUSILLI-BETTCHEN

Zubereitungszeit: 1 Stunde
Ruhezeit: 10 Stunden
Zutaten für 4 Portionen

500 g Rinderfilet, in Würfeln

3 EL Sojasauce, zum Marinieren

1 EL Pfeffer, grob, aus der Mühle

2 Schalotten, halbiert

1 Knoblauchzehe

10 g Butter

40 g Tomatenmark

200 g kräftige Rinderbrühe, warm

150 g Rotwein, trocken

1 TL Gerrys Zaubersalz
(s. S. 14)

1 gestr. TL Trüffelsalz,
alternativ Meersalz

500 g Fusilli

50 g Sherry, medium dry

Eine Köstlichkeit und sie ist einfach und schnell gemacht.

1. Befreie das Fleisch falls nötig von Sehnen und Haut und schneide es in Würfel. Mariniere die Filetwürfel in einer Schüssel mit Sojasauce und grobem Pfeffer. Ich lege gerne einen Zweig Rosmarin dazu und lass alles zugedeckt über Nacht im Kühlschrank reifen.

2. Am nächsten Tag schaltest du den Thermomix® ein. Schäle Schalotten und Knoblauch und gib die Schalotten halbiert zusammen mit dem Knoblauch in den Mixtopf. Zerkleinere beide Zutaten 5 Sekunden/ Stufe 5 und schiebe die Stücke mit dem Spatel nach unten. Dünste nun die Mischung mit der Butter 5 Minuten/ Varoma/ Stufe 1 an.

3. Ab jetzt geht alles im Linkslauf! Wir wollen die Filetwürfel ja erhalten. Füge die Filetwürfel mit Sojasauce und Tomatenmark (aber ohne Rosmarin) in den Mixtopf hinzu und gare diese 5 Minuten/Varoma/ Linkslauf/ Stufe 1. Gib danach warme Rinderbrühe, Rotwein, Gerrys Zaubersalz und Trüffelsalz dazu und gare die Zutaten 15 Minuten/Varoma/ Linkslauf/ Stufe 1. Anschließend entfernst du den Messbecher und lässt alles für weitere 15 Minuten/ Varoma/ Linkslauf/ Stufe 1 reduzieren.

4. In der Zwischenzeit kochst du die Fusilli auf dem Herd nach Packungsanweisung in einem Topf mit kräftig gesalzenem, kochendem Wasser al dente, also bissfest.

5. Zum Schluss geben wir den Sherry dazu und garen alles ohne Messbecher nochmals 10 Minuten/ Varoma/ Linkslauf/ Stufe 1. Vermische anschließend die Sauce mit den Nudeln in einer Schüssel und serviere sie.

mix**tipp**

Falls du es scharf magst, gib eine rote Chilischote in Stücken dazu.

mix**tipp**

Man nehme ein gutes Glas Wein und schütte es in den Koch. So macht kochen noch mehr Spaß!

2 Portionen   20 Min.   leicht

GERRYS RUSSISCHER KLASSIKER:
BOEUF STROGANOFF IM PASTA-BETTCHEN

Zubereitungszeit: 20 Minuten
Zutaten für 2 Portionen

300 g Rinderfilet, in gleichmäßigen Streifen

1 EL Kokosöl

250 g Spaghetti

1 Schalotte, halbiert

2 Cornichons

½ Rote Bete, vorgegart, in Stücken

10 g Olivenöl

2 TL Senf

1 TL Gerrys Zaubersalz (s. S. 14)

1 TL Dill, frisch, gehackt

1 EL Sour Cream, aus dem Kühlregal, alternativ Saure Sahne

1 EL Wodka (optional)

150 g Sahne

Dieses Rezept stammt von einem russischen Starkoch, der es 1891 auf der Pariser Weltausstellung vorstellte. Da gab es noch keinen TM 5®.

1. Zunächst befreist du das Fleisch falls nötig von Sehnen und Haut und schneidest es in gleichmäßige Streifen. Brate die Streifen in einer Pfanne mit dem Kokosöl kurz an. Halte die Rinderfiletstreifen anschließend im Backofen bei 60°C Umluft warm.

2. Koche die Spaghetti auf dem Herd nach Packungsanleitung in einem Topf mit reichlich kochendem Salzwasser bissfest.

3. Nun schaltest du den Thermomix® ein. Schäle die Schalotte, halbiere sie und zerkleinere sie mit den Cornichons und der in Stücke geschnittenen Rote Bete im Mixtopf 5 Sekunden/ Stufe 5. Wie immer schiebst du die Stücke mit dem Spatel nach unten und dünstest die Mischung mit Olivenöl 2 Minuten/ 100°C/ Linkslauf/ Stufe 1 an.

4. Füge danach Senf, Zaubersalz, Dill, Sour Cream, gegebenenfalls Wodka (wer mag) und die Sahne hinzu und verrühre alles 40 Sekunden/ 100°C/ Stufe 2. Das duftende und farbige Ergebnis gibst du über die warm gehaltenen Filetstreifen und servierst dieses wunderbare Boeuf Stroganoff mit den Spaghetti in großen Pastatellern.

mix**tipp**

Ich kaufe die Rote Bete gegart und abgepackt. Mit dem verbliebenen Rest mache ich mit Zitronensaft, Ingwer und Himbeersirup ein Rote-Bete-Carpaccio. Da freuen sich meine Mitesser.

mix**tipp**

Das farbige Bild auf dem Teller kannst du noch schöner machen, wenn du eine kleine Essiggurke in lange Streifen schneidest und damit das Gericht dekorierst!

3 Portionen | 10 h 30 Min. | mittel

GERRYS MARINIERTE RINDERFILETSTREIFEN IM PASTABETT MIT FEINER SHERRY-SAUCE

Zubereitungszeit: 30 Minuten
Ruhezeit: 10 Stunden
Utensilien: Pfanne
Zutaten für 3 Portionen

1 EL Gerrys Zaubersalz
(s. S. 14) + 1 TL

1 EL Sojasauce

20 g Olivenöl, extra vergine +
zum Braten

1 Zweig Rosmarin, frisch

500 g Rinderfilet, gut
abgehangen (gereift)

400 g Tagliatelle, alternativ
andere Nudeln

280 g Wasser, heiß

1 Päckchen Bratenpulver,
z.B. von Knorr

1 TL Knoblauchflocken
(schmeckt auch ohne)

2 EL Sherry, medium sweet,
z.B. von Sandeman

10 g Butter

Es muss nicht immer ein Steak sein.

1. Du beginnst (am besten sogar am Vortag) mit dem Marinieren. In einer Schüssel verrührst du 1 EL Gerrys Zaubersalz mit Sojasauce und Olivenöl und legst den Rosmarinzweig dazu. Befreie das Fleisch falls nötig von Sehnen und Haut und schneide es in fingergroße Streifen. Lege die Streifen in die Schüssel dazu, mische sie gut durch und lass sie abgedeckt am besten über Nacht im Kühlschrank ziehen. Der Duft am nächsten Tag ist schon die erste Belohnung für dich.

2. Am nächsten Tag kochst du die Nudeln auf dem Herd in einem Topf mit kochendem Salzwasser nach Packungsanweisung bissfest.

3. Währenddessen bereitest du im Thermomix® die feine Sherry-Sauce zu. Dafür kochst du das heiße Wasser (damit geht's schneller!) im Mixtopf 15 Minuten/ Varoma/ Stufe 2 auf und gibst nach wenigen Minuten Bratenpulver, 1 TL Gerrys Zaubersalz, Knoblauchflocken und Sherry durch die Deckelöffnung dazu. Hier kommt schon die zweite Duftbelohnung.

4. Nun brätst du nur noch die duftenden Rinderfiletstreifen in der Pfanne mit Butter und etwas Olivenöl kurz an und servierst diese mit den abgetropften Nudeln und der Sauce. Fertig ist dieses köstliche Gericht.

mixtipp

Wenn Kinder mitessen, ersetze den Sherry durch Kirsch- oder Apfelsaft. Schmeckt auch!

mixtipp

Füge 2 TL alten dunklen Aceto balsamico hinzu, das verfeinert zusätzlich die Sauce.

4 Portionen | 2 h 20 Min. | leicht

GERRYS HIMMLISCHE TORTELLINI ALLA PAPALINA

Zubereitungszeit: 20 Minuten
Einweichzeit: 2 Stunden
Zutaten für 4 Portionen

---

20 g Steinpilze, getrocknet

---

4 Scheiben Schinken, gekocht, in kleinen Stücken

---

400 g Tortellini nach Geschmack (ideal sind die mit Trüffelfüllung, Pilz- oder Schinkenfüllung geht aber auch)

---

1 Schalotte, halbiert

---

10 g Butter

---

250 g Sahne

Pfeffer, frisch gemahlen, nach Belieben

½ TL Gerrys Zaubersalz, nach Belieben (s. S. 14)

---

2 EL Parmesan, gerieben, alternativ Pecorino

---

2 Eigelb, Größe M, optional

Tortellini alla papalina bedeutet: Wie der Papst sie mag.

Kardinal Pacellis Leibgericht waren diese Tortellini in der Trattoria „La Cisterna" in Rom.

Als er später zum Papst Pius XII. gewählt wurde, gab man diesem Gericht zu seinen Ehren den Namen „alla papalina".

1. Zuerst legst du die getrockneten Steinpilze für 2 Stunden in warmes Wasser und lässt sie einweichen. Danach spülst du die Steinpilze in einem Sieb gut durch, damit kein Sand später im Teller des Papstes liegt. Schneide die Steinpilze gegebenenfalls in mundgerechte Stücke und schneide auch den Schinken klein.

2. Koche die Tortellini nach Packungsanweisung auf dem Herd in einem Topf mit reichlich kochendem Salzwasser bissfest.

3. In der Zwischenzeit schälst du die Schalotte, halbierst sie und zerkleinerst sie im Mixtopf 5 Sekunden/ Stufe 5. Schiebe die Stücke mit dem Spatel nach unten und dünste sie mit Butter 2 Minuten/ 100°C/ Stufe 2.

mixtipp

Serviere dazu Feldsalat.

4. Füge aufgeweichte Steinpilze und Schinkenstücke in den Mixtopf dazu und schwitze die Mischung 3 Minuten/ 100°C/ Sanftrührstufe an. Gib Sahne, Pfeffer und Gerrys Zaubersalz dazu und lass die Sauce weitere 4 Minuten/ 100°C/ Sanftrührstufe köcheln. Danach gibst du den Parmesan hinzu und rührst diesen 15 Sekunden/ Linkslauf/ Stufe 2 unter. Verteile die Sauce über die gekochten und abgetropften Tortellini und mische, falls du magst, das verquirlte Eigelb unter. Es soll nicht stocken, sondern nur die Sauce binden! Du kannst die Sauce aber auch ohne Eigelb machen. Serviere das Gericht mit einem frommen Blick in vorgewärmten Pastatellern.

4 Portionen | 2 h 15 Min. | schwer

GERRYS BESONDERS ZARTE HÄHNCHENBRUST MIT PFANNENGEMÜSE UND PASTABEILAGE

Zubereitungszeit: 2 Stunden 15 Minuten
Utensilien: Gefrierbeutel, Vakuumiergerät (optional), Gummiband, Pfanne
Zutaten für 2 Portionen

Für die Hähnchenbrust:

2 Hähnchenbrustfilets

2 TL Gerrys Zaubergewürz für Fleisch (s. S. 16)

2 EL Butter für die Pfanne

2000 g Wasser

Für das feine Pfannengemüse:

1 Paprika, rot, entkernt, in Streifen geschnitten

1 Zucchini, geputzt, in langen Streifen

20 Champignons, aus dem Glas, nimm 1. Wahl

2 Lauchzwiebeln, geputzt, der Länge nach halbiert

Kokosöl für die Pfanne

Für die Pastabeilage:

200 g Pasta deiner Wahl, ich habe dazu Fusilli gereicht

GERRYS PASTA

Fortsetzung Seite 68

Fortsetzung

GERRYS BESONDERS ZARTE HÄHNCHENBRUST MIT PFANNENGEMÜSE UND PASTABEILAGE

Mit der Sous-vide-Methode wird die Hähnchenbrust besonders zart. Geht prima mit dem Thermomix®!

1. Würze die Hähnchenbrustfilets mit Gerrys Zaubergewürz für Fleisch, lege sie in einen Gefrierbeutel, vakuumiere sie und schweiße sie ein. Wenn du kein Vakuumiergerät hast, streifst du mit den Händen die Luft aus der Tüte und verschließt sie wasserdicht z.B. mit einem Gummiband.

2. Fülle den Mixtopf bis zur Maximal-Markierung mit Wasser auf. Lege das Hähnchenbrustfilet in das Garkörbchen und hänge das Garkörbchen in den Mixtopf ein. Die Tüte mit dem Filet muss voll mit Wasser bedeckt sein! Das Filet wird so bei konstanter Temperatur im Wasserbad gegart.

3. Gare das Fleisch nun 2 Stunden/ 60°C/ Stufe 2. Achte immer darauf, dass das Fleisch mit Wasser bedeckt ist und gib bei Bedarf während der Garzeit noch Wasser dazu.

4. In der Zwischenzeit bereitest du das Pfannengemüse und die Pasta zu. Dafür wäschst und entkernst du die Paprika und schneidest sie in Streifen. Wasche die Zucchini, befreie sie von den Strunkansätzen und schneide sie in lange Streifen. Lass die Champignons aus dem Glas abtropfen, wasche die Lauchzwiebeln und befreie sie von den Wurzelansätzen. Halbiere sie der Länge nach.

5. Erhitze Kokosöl in einer Pfanne und gib Paprika, Zucchini, Champignons und Lauchzwiebeln dazu. Brate das Gemüse bei mittlerer Hitze und stelle es anschließend beiseite. Darf auch etwas kalt werden. Das ist die ideale feine Dekoration.

6. Je nach angegebener Kochzeit deiner ausgewählten Pasta kochst du die Pasta so, dass sie gemeinsam mit dem Geflügel fertig wird. Erhitze dafür Wasser in einem separaten Topf auf dem Herd. Wenn das Wasser kocht, gibst du reichlich Salz und die Nudeln hinzu und kochst sie nach Packungsanweisung bissfest.

7. Nach zwei Stunden hängst du das Garkörbchen mithilfe des Spatels vorsichtig aus dem Mixtopf aus, nimmst das Filet vorsichtig aus dem Garkörbchen heraus und öffnest den Beutel.

8. Erhitze 1 EL Butter in der Pfanne und bräune das Hähnchenfleisch kurz darin. Wegen dem Röstaroma! Gib noch einen weiteren EL Butter mit in die Pfanne und schon hast du eine feine Sauce für deine Pastabeilage.

9. Richte das Hähnchen mit dem Pfannengemüse und der Pasta an. Gieße den entstandenen Sud aus der Pfanne wahlweise über die Pasta.

4 Portionen | 30 Min. | schwer

GERRYS SPAGHETTINI BOLOGNESE MIT HÄHNCHENBRUST

Zubereitungszeit: 30 Minuten
Utensilien: Pfanne
Zutaten für 4 Portionen

400 g Hähnchenbrust, in Würfeln

40 g Olivenöl

400 g Spaghettini

60 g Parmesan, in Stücken

2 Schalotten, halbiert

1 Knoblauchzehe

1 EL Tomatenmark

400 g Tomaten, stückig, aus der Dose

1 TL Gerrys Zaubersalz (s. S. 14)

1 TL gekörnte Hühnerbrühe

5 g Zucker

1 TL Majoran, gerebelt

Fortsetzung Seite 70

GERRYS PASTA

Fortsetzung

GERRYS SPAGHETTINI BOLOGNESE MIT HÄHNCHENBRUST

*Spaghetti Bolognese
einmal anders als gewohnt.*

1. Zuerst befreist du die Hähnchenbrust gegebenenfalls von der Haut und schneidest sie in 3 mm dicke Scheiben. Schneide die Scheiben dann in kleine Würfel und brate diese in einer heißen Pfanne mit 20 g Olivenöl an. Danach stellst du die gebratenen Hähnchenwürfel beiseite.

2. Bevor du den Thermomix® einschaltest, kochst du die Spaghettini in einem Topf mit reichlich kochendem Salzwasser auf dem Herd nach Packungsanweisung bissfest. Das Wasser muss nach Meer schmecken!

3. Während die Nudeln kochen, zerkleinerst du im Thermomix® den Parmesan 10 Sekunden/ Stufe 10 und füllst ihn in ein Schälchen um.

4. Nun schälst du Schalotten und Knoblauch, halbierst die Schalotten und zerkleinerst beide Zutaten im Mixtopf 10 Sekunden/ Stufe 6. Schiebe die Stücke mit dem Spatel nach unten und dünste diese mit Tomatenmark und den übrigen 20 g Olivenöl 3 Minuten/ 100°C/ Stufe 2 an.

5. Füge Tomaten, Gerrys Zaubersalz, gekörnte Hühnerbrühe, Zucker und Majoran in den Mixtopf hinzu und gare die Zutaten 9 Minuten/ Varoma/ Stufe 2.

6. Als Nächstes vereinst du die Sauce und das gebratene Hähnchenfleisch im Thermomix® und vermischt die Zutaten 5 Minuten/ Varoma/ Linkslauf/ Stufe 1. Der Linkslauf ist wichtig, da du ja die Hähnchenwürfel erhalten möchtest.

7. Richte die Spaghettini in großen Pastatellern an und überziehe sie mit der köstlichen Sauce. Um das Geschmackserlebnis abzurunden, streust du noch geriebenen Parmesan über das Gericht.

mixtipp

Variiere das Rezept, indem du in Schritt 6 geviertelte Champignons hinzugibst.

mixtipp

Ich serviere dazu auch Feldsalat mit Estragon-Senf-Dressing.

VEGETARISCHE PASTASAUCEN

*Ein Mann ohne Frau
ist wie Spaghetti
ohne Parmesan.*
(Ital. Sprichwort)

2 Portionen | 20 Min. | leicht

GERRYS PASTA BAVARIA BLU MIT CHILI-NÜSSCHEN

Zubereitungszeit: 20 Minuten
Zutaten für 2 Portionen

250 g Spaghetti

1 Schalotte, halbiert

1 geh. TL Butter

150 g Bavaria blu, in Stücken +
2 kleine Stücke zum Garnieren

150 g Kochsahne, 15–20 % Fett

1 TL Gerrys Zaubersalz (s. S. 14)

½ TL Kräuter der Provence,
getrocknet

1 Msp. Muskatnuss, frisch gerieben

½ TL Gemüsebrühepaste

50 g Chili-Nussmischung,
z.B. von Aldi

*Klein, fein – auch als Gang vor dem Hauptgericht
– damit peppst du jedes Fünf-Gänge-Menü auf!
Wecke den Italiener in dir!*

1. Koche die Spaghetti auf dem Herd nach Packungsanweisung in einem Topf mit kräftig gesalzenem, kochendem Wasser bissfest.

2. Währenddessen schälst und halbierst du die Schalotte und gibst sie in den Mixtopf. Zerkleinere die Schalotte 5 Sekunden/ Stufe 5 und schiebe die Stücke mit dem Spatel nach unten. Füge Butter hinzu und schwitze die zerkleinerte Schalotte darin 4 Minuten/ 100°C/ Stufe 1 an.

3. Schneide den Bavaria blu in Stücke und füge diese gemeinsam mit Sahne, Zaubersalz, Kräutern, Muskat und Gemüsebrühepaste in den Mixtopf hinzu. Koche die Sauce so 8 Minuten/ 98°C/ Stufe 3.

4. Gieße die Nudeln anschließend ab, richte sie in einem großen Pastateller an und überziehe sie mit der feinen Sauce. Gib die Nussmischung zum Schluss über die Pasta.

mixtipp
Die würzigen Nussstücke passen hervorragend dazu. Du kannst aber auch Walnüsse oder geröstete Pinienkerne verwenden.

2 Portionen | 40 Min. | leicht

GERRYS FEINE PASTA MIT KNOBLAUCH UND GRÜNEM SPARGEL

**Zubereitungszeit: 40 Minuten
Zutaten für 2 Portionen**

60 g Parmesan, in Stücken

400 g grüner Spargel, geschält
sind es nur mehr 300 g, in Stücken

250 g Pasta, z.B. Spaghetti,
Fusilli oder Spirelli

1 Schalotte, halbiert

1 Knoblauchzehe

1 rote Chilischote, mild, entkernt,
in Stücken

10 g Olivenöl

100 g Gemüsebrühe, warm,
alternativ Hühner- oder
Fleischbrühe

150 g Kochsahne, 15–20 % Fett

1 geh. TL Gerrys Zaubersalz
(s. S. 14)

Wieder ein etwas anderes Nudelgericht.

1. Zuerst zerkleinerst du den Parmesan im Mixtopf 10 Sekunden/ Stufe 10 und füllst ihn in eine Schale um.

2. Schäle den Spargel, schneide ihn in 2 cm breite Stücke und blanchiere diese 4 Minuten auf dem Herd in einem Topf mit kochendem Salzwasser. Gieße danach das Garwasser ab und halte sie im geschlossenen Topf warm.

3. Koche auf dem Herd die Pasta bissfest in einem Topf mit reichlich kochendem Salzwasser nach Packungsanweisung.

4. In der Zwischenzeit kommt der Thermomix® wieder zum Einsatz. Schäle Schalotte und Knoblauch und wasche und entkerne die Chilischote. Gib die Schalotte halbiert mit dem Knoblauch und der in Stücke geschnittenen Chilischote in den Mixtopf und zerkleinere die Zutaten 6 Sekunden/ Stufe 8. Schiebe die Stücke mit dem Spatel wie immer nach unten und dünste sie mit dem Olivenöl 3 Minuten/ 100°C/ Stufe 1 an.

5. Gib Gemüsebrühe, Kochsahne und Gerrys Zaubersalz in den Mixtopf dazu und koche die Sauce 5 Minuten/ 100°C/ Stufe 2. Füge nun noch die blanchierten Spargelstücke mit der Hälfte des Parmesan hinzu und koche die Sauce weitere 2 Minuten/ 100°C/ Linkslauf/ Sanftrührstufe.

6. Zum Servieren verteilst du die Pasta in vorgewärmte Teller und überziehst sie mit der köstlichen Spargelsauce. Serviere dazu den übrigen Parmesan. Dann kann jeder nach Geschmack sein Gericht damit bestreuen.

4 Portionen | 30 Min. | leicht

GERRYS SPAGHETTI GORGONZOLA MIT WALNÜSSEN

Zubereitungszeit: 30 Minuten
Zutaten für 4 Portionen

500 g Spaghetti

50 g Parmesan, in Stücken

150 g Gorgonzola (Blauschimmelkäse) + 50 g, in Stücken

100 g Vollmilch

25 g Butter

1 Eigelb, Größe M

½ TL Chiliröllchen, getrocknet, alternativ frisch

1 gestr. TL Gerrys Zaubersalz (s. S. 14)

½ TL Muskatnuss, frisch gerieben

2 EL Walnusskerne, grob gehackt

Schnittlauchröllchen zum Bestreuen

Ich liebe dieses Gericht!!!
Ein feines und schnelles Gericht –
schmeckt wie beim Italiener.

1. Koche die Spaghetti auf dem Herd nach Packungsanweisung in einem Topf mit reichlich kochendem Salzwasser bissfest.

2. Zerkleinere währenddessen den Parmesan im Mixtopf 10 Sekunden/ Stufe 10 und fülle ihn anschließend in eine Schale um.

3. Nun erhitzt du 150 g Gorgonzola, Milch und Butter im Mixtopf 7 Minuten/ 100°C/ Stufe 2. Danach gibst du Parmesan, Eigelb, Chiliröllchen, Gerrys Zaubersalz, Muskatnuss und die gehackten Walnusskerne dazu und kochst die Sauce weitere 3 Minuten/ 90°C/ Stufe 2.

4. Verteile zu guter Letzt die abgetropften Spaghetti mit der Sauce in vorgewärmte Pastateller und bestreue das Gericht mit Schnittlauchröllchen und den restlichen 50 g Gorgonzolastücken.

mixtipp
Dazu liebe ich frischen Feldsalat mit feinem Honig-Senf-Dressing.

| 4 Portionen | 50 Min. | leicht |

GERRYS TAGLIATELLE AI FUNGHI PORCINI –

BANDNUDELN MIT STEINPILZEN

Zubereitungszeit: 20 Minuten
Ruhezeit: 30 Minuten
Zutaten für 4 Portionen

30 g Steinpilze, getrocknet, alternativ 300 g Steinpilze aus dem Glas, abgetropft

250 g Gemüsebrühe

100 g Parmesan, in Stücken

2 Schalotten, halbiert

2 Knoblauchzehen

10 g Olivenöl

1 TL Weizenmehl

½ TL Aceto balsamico, dunkel

75 g Weißwein, trocken, z.B. Riesling

200 g Sahne

500 g Bandnudeln

2 EL Petersilie, frisch, grob gehackt

20 g Butter, weich

Dieses feine und doch einfache Gericht lieben nicht nur die Italiener.

1. Zuerst braust du die getrockneten Steinpilze in einem Sieb kurz ab und lässt diese dann 30 Minuten in einer Schale mit warmer Gemüsebrühe einweichen. Danach seihst du sie ab. Die Brühe duftet so fein, dass ich sie aufhebe und am nächsten Tag daraus eine wunderbare Suppe mache.

2. Zerkleinere den frischen Parmesan im Mixtopf 10 Sekunden/ Stufe 10 und fülle ihn in eine Schale um.

3. Schäle die Schalotten und den Knoblauch, halbiere die Schalotten und zerkleinere beide Zutaten im Mixtopf 5 Sekunden/ Stufe 5. Schiebe die Stücke wie immer mit dem Spatel nach unten. Gib Olivenöl dazu und dünste die Mischung 4 Minuten/ 100°C/ Stufe 1 an. Danach fügst du die gereiften und duftenden Steinpilze hinzu und dünstest die Mischung weitere 2 Minuten/ 100°C/ Linkslauf/ Stufe 1.

4. Bestäube die Mischung im Mixtopf mit dem Weizenmehl und gib Aceto balsamico, Weißwein und Sahne dazu. Koche die Mischung 10 Minuten/ 100°C/Stufe 1.

5. In der Zwischenzeit kochst du auf dem Herd die Bandnudeln nach Packungsanweisung in einem Topf mit reichlich kochendem Salzwasser bissfest.

6. Nun gibst du noch Parmesan, Petersilie und weiche Butter in den Mixtopf zu den Steinpilzen und vermischst die Zutaten 15 Sekunden/ Linkslauf/ Stufe 2.

7. Zu guter Letzt vermischst du die abgetropften Bandnudeln in einer Schüssel mit der Steinpilzmischung aus dem Mixtopf und servierst diese sofort in vorgewärmten Pastatellern.

mix*tipp*

Ich verwöhne meine Mitesser gerne mit einem Vogerlsalat (Feldsalat) mit Walnussstückchen und feinem Senfdressing.

mix*tipp*

Manchmal sind die Steinpilzscheiben recht groß. Deshalb schneide ich sie nach dem Einweichen in mundgerechte Stücke.

3 Portionen | 20 Min. | leicht

GERRYS SPAGHETTINI MIT MEERRETTICH-ROTE BETE-SAUCE

Zubereitungszeit: 20 Minuten
Zutaten für 3 Portionen

300 g Spaghettini, alternativ Spaghetti

100 g Rote Bete, vorgegart, in groben Stücken + in Würfeln zur Dekoration

3 EL Meerrettich, scharf, aus dem Glas

1 TL Senf, mittelscharf

100 g Crème Fraîche

1 TL Honig

10 g Butter

1 TL Gerrys Zaubersalz (s. S. 14)

Pfeffer, nach Belieben

Freue Dich auf einen kleinen, aber feinen Genuss der Sinne. Auch die Augen werden von dieser wundervollen roten Farbe der Spaghettini verwöhnt. Eben nicht alltäglich ...

1. Zunächst kochst du die Spaghettini auf dem Herd in einem Topf mit reichlich kochendem Salzwasser nach Packungsanweisung bissfest. Das Wasser muss nach Meer schmecken.

2. Schneide in der Zwischenzeit die Rote Bete in grobe Stücke und zerkleinere diese im Mixtopf 8 Sekunden/ Stufe 8. Schiebe die Stücke mit dem Spatel nach unten.

3. Gib Meerrettich, Senf und Crème Fraîche hinzu und erhitze die Mischung 4 Minuten/ 90°C/ Stufe 2.

4. Wenn die Nudeln fertig sind, fügst du Honig und Butter in den Mixtopf hinzu und pürierst die Zutaten noch mal 3 Minuten/ 90°C/ Stufe 2. Erhöhe dabei die Stufe langsam nach und nach auf Stufe 8. Würze die Sauce mit Gerrys Zaubersalz und Pfeffer und gib diese nun zusammen mit den Spaghettini in eine vorgewärmte Schüssel. Verrühre die Zutaten gut mit einer Gabel.

5. Serviere die Spaghettini auf Pastatellern und garniere sie nach Belieben mit in Würfel geschnittener Roter Bete.

4 Portionen | 8 h 50 Min. | leicht

GERRYS FEINE PASTA MIT WEISSER TOMATEN-VANILLE-SAUCE

Zubereitungszeit: 50 Minuten
Ruhezeit: 8 Stunden
Utensilien: Sieb, Pfanne, Fritteuse
Zutaten für 4 Portionen

1400 g Strauchtomaten, reif, geviertelt

1 gestr. TL Gerrys Zaubersalz (s. S. 14)

1 TL Zucker

35 g Pinienkerne

2 Schalotten, halbiert

10 g Butter

Mark von 1 Vanilleschote

100 g Sahne

100 g Crème Fraîche

500 g Spaghetti

2 Bund Rucola

Pflanzenöl zum Frittieren

Meersalz, fein, nach Belieben

Pfeffer, frisch gemahlen, nach Belieben

2 EL Parmesanspäne

Dieses Gericht ist nicht für jeden Tag. Es ist eine kleine Geschmacksexplosion und beim ersten Mal echt ein tolles Erlebnis.

1. Für den Tomatensaft befreist du die Tomaten von den Stielansätzen und pürierst sie mit Gerrys Zaubersalz und Zucker im Mixtopf 15 Sekunden/ Stufe 5. Erhöhe dabei die Stufeneinstellung langsam nach und nach auf Stufe 9. Das Ergebnis füllst du in ein mit einem sauberen Küchentuch ausgelegtes Sieb und reinigst den Mixtopf. Lass das Püree über Nacht darin abtropfen. Dieses sollte am nächsten Tag etwa 500 g klaren Tomatensaft ergeben haben.

2. Am nächsten Tag röstest du die Pinienkerne in einer fettfreien Pfanne auf mittlerer Stufe an, bis sie beginnen zu duften, und stellst sie danach beiseite.

3. Schäle als Nächstes die Schalotten, halbiere sie und zerkleinere sie im Mixtopf 5 Sekunden/ Stufe 5. Schiebe die Stücke mit dem Spatel nach unten und schwitze sie mit der Butter 4 Minuten/ 100°C/ Stufe 1 an. Danach gibst du das Vanillemark hinzu und mischst dieses 10 Sekunden/ Stufe 2 unter.

4. Füge nun den klaren Tomatensaft hinzu und lass diesen ohne Messbecher 30 Minuten/ 100°C/ Stufe 1 reduzieren. Anschließend gibst du Sahne und Crème Fraîche in den Mixtopf dazu und kochst die Sauce weitere 20 Minuten/ 100°C/ Stufe 1 ohne Messbecher.

5. In der Zwischenzeit kochst du die Spaghetti auf dem Herd nach Packungsanweisung bissfest in einem Topf mit reichlich kochendem Salzwasser.

6. Wasche den Rucola, tupfe ihn trocken und frittiere ihn kurz in einer Fritteuse oder Topf mit reichlich Öl. Frittiere ihn nicht zu lange, sonst wird er grau! Lege den frittierten Rucola zum Abtropfen auf Küchenpapier ab.

7. Würze die weiße Tomaten-Vanille-Sauce nun noch mit Meersalz, Pfeffer und den Parmesanspänen und verteile die abgetropften Spaghetti in vorgewärmte Pastateller. Gieße die weiße Tomaten-Vanille-Sauce über die Spaghetti und garniere sie mit dem frittierten Rucola und den gerösteten Pinienkernen.

mixtipp

Ein Stück paniertes und angebratenes Hähnchenfilet mit schwarzem Sesam garniert, passt sehr fein zu diesem Gericht.

4 Portionen | 30 Min. | leicht

TAGLIATELLE AL TARTUFO

Zubereitungszeit: 30 Minuten
Zutaten für 4 Portionen

400 g Tagliatelle, aus dem
Kühlregal

250 g Fleischbrühe

1 Knoblauchzehe

100 g Olivenöl

Gerrys Zaubersalz,
nach Belieben (s. S. 14)

Pfeffer, nach Belieben

25 g Trüffelcarpaccio, aus dem
Glas, erhältlich im Feinkostladen

Liebst Du Trüffel? Dann schau mal:

1. Zunächst kochst du die Tagliatelle auf dem Herd
nach Packungsanweisung in einem Topf mit reichlich
kochendem Salzwasser bissfest. Anschließend siebst
du sie ab und hältst sie gegebenenfalls warm.

2. Während die Nudeln kochen, erhitzt du die
Fleischbrühe mit der ganzen geschälten Knoblauchzehe im Mixtopf 5 Minuten/ 100°C/ Linkslauf/
Stufe 1 und lässt die Mischung anschließend
5 Minuten im Mixtopf ziehen. Entferne danach den
Knoblauch. Es soll ja nur ein Hauch Knoblauch zu
schmecken sein.

3. Gib Olivenöl mit Gerrys Zaubersalz, Pfeffer und
als Krönung die Trüffelscheibchen in den Mixtopf
dazu und koche die Mischung 3 Minuten/ 100°C/
Stufe 1 auf. Gib die Mischung über die abgetropften
Tagliatelle und serviere diese sofort in großen Pastatellern. Deine Gäste werden dich lieben.

mixtipp

Bis hierher ist dieses geile
Gericht noch zu bezahlen. Solltest
du aber im Lotto gewonnen
haben, dann nimm die weißen
Trüffel aus Alba. Diese
sind die Krönung der
Krönung.

mixtipp

Reibe vor dem Servieren
etwas frischen Trüffel
über die Nudeln.

5 Gläser | 1 h 15 Min. | leicht

GERRYS FRUCHTIGE SAUCE FÜR PIZZA UND PASTA

**Zubereitungszeit: 1 Stunde
15 Minuten
Utensilien: 5 Schraubgläser
à 200 ml
Zutaten für 5 Gläser**

1 Schalotte, halbiert

3 Knoblauchzehen

40 g gutes Olivenöl

800 g Tomaten, geschält,
aus der Dose

1 EL Tomatenmark

1 gestr. EL Gerrys Zaubersalz
(s. S. 14)

1 TL Paprikapulver, geräuchert

1 EL Oregano, gerebelt

1 EL Thymian, gerebelt

1 EL Basilikumblätter,
frisch, gehackt

1 TL Pfeffer, frisch gemahlen

Das Kochen macht heute besonderen Spaß, da Prosecco für die Köchin oder den Koch reserviert ist!

1. Schäle zuerst Schalotte und Knoblauch, halbiere die Schalotte und zerkleinere diese grob mit dem Knoblauch im Mixtopf 5 Sekunden/ Stufe 5. Schiebe die Stücke mit dem Spatel nach unten und dünste die Mischung mit Olivenöl 3 Minuten/ 100°C/ Stufe 2 an.

2. Danach gibst du Tomaten, Tomatenmark, Gerrys Zaubersalz, Paprikapulver, Oregano, Thymian, Basilikum und Pfeffer in den Mixtopf dazu und kochst die Sauce zuerst 3 Minuten/ 100°C/ Stufe 2 und lässt sie dann ohne Messbecher 50 Minuten/ 90°C/ Stufe 2 einkochen. Setze gegebenenfalls das Garkörbchen als Spritzschutz oben auf den Mixtopfdeckel. Nicht nur die Italiener wissen, dass eine gute Sauce viel Zeit braucht.

3. Fülle anschließend die noch heiße Sauce in saubere, heiß ausgespülte Schraubgläser und bewahre sie, wenn sie ausgekühlt ist, als Vorrat im Kühlschrank auf. Darin hält sie sich für mehrere Wochen.

mix**tipp**

Reserviere 2 Gläser feinsten Prosecco für die Köchin oder den Koch!

2 Portionen | 15 Min. | leicht

GERRYS ALPENLÄNDISCHE SPAGHETTI GORGONZOLA
MIT GERÖSTETEN UND GESALZENEN KÜRBISKERNEN

Zubereitungszeit: 15 Minuten
Utensilien: Pfanne
Zutaten für 2 Portionen

---

250 g Spaghetti

1 Schalotte, halbiert

10 g natives Olivenöl

150 g Gorgonzola, in Stücken

1 TL Gerrys Zaubersalz

½ TL gekörnte Hühnerbrühe

50 g Sahne zum Schlagen, 30–40 % Fett

½ TL Chiliflocken, getrocknet

2 EL Kürbiskerne

Salz, nach Belieben

Pasta mit Gorgonzola und steyrischen Kürbiskernen sind ein Gedicht!

1. Koche die Spaghetti auf dem Herd nach Packungsanweisung in einem Topf mit reichlich kochendem Salzwasser bissfest und bereite währenddessen diese köstliche Sauce im Thermomix® zu.

2. Dafür schälst du die Schalotte, halbierst sie und zerkleinerst sie im Mixtopf 5 Sekunden/ Stufe 5. Schiebe die Stücke mit dem Spatel wie immer nach unten und dünste sie mit dem Olivenöl 2 Minuten/ Varoma/ Stufe 1.

3. Füge dann Gorgonzola, Zaubersalz, gekörnte Hühnerbrühe (sorgt für einen runden Geschmack), Sahne und Chiliflocken hinzu und vermische die Zutaten 2 Minuten/ Varoma/ Stufe 2.

4. In der Zwischenzeit röstest du die Kürbiskerne in einer fettfreien Pfanne auf mittlerer Hitze an und bestreust sie anschließend mit Salz.

5. Zum Servieren verteilst du die Spaghetti in große Pastateller, übergießt sie mit der Käsesauce und bestreust das Gericht mit den gerösteten und gesalzenen Kürbiskernen. Diese geben diesem feinen Gericht einen weiteren Kick!

mix**tipp**

Auch wenige Tropfen steyrisches Kürbiskernöl machen sich sowohl geschmacklich, als auch fürs Auge ganz toll auf den Tellern.

mixtipp

Wenn keine Kinder mitessen
und du von deinen Gästen
bewundert werden möchtest,
dann rühre in Punkt 3 noch
1–2 EL Kirschwasser
5 Sekunden/ Stufe 2 unter.

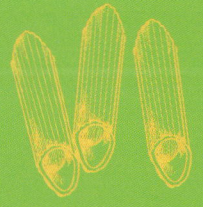

NUDELSALATE UND PESTOS

Life happens
Spaghetti help

4 Portionen | 30 Min. | leicht

GERRYS BUNTER PASTASALAT

Zubereitungszeit: 30 Minuten
Utensilien: Pfanne
Zutaten für 4 Portionen

250 g Pasta, z.B. Fusilli oder Gnocchi

20 g Butter

1 Paprika, rot oder gelb, entkernt, in Stücken

½ Salatgurke, geschält, in Stücken

1 Packung Gartenkresse

Saft von ½ Zitrone

½ TL Zucker, alternativ Honig

2 EL Sojasauce

40 g Olivenöl

40 g Crème Fraîche, mit Kräutern

1 TL Gerrys Zaubersalz (s. S. 14)

1 EL Erbsen, grün, TK, zur Dekoration

1 EL Sesam

Gerrys Nudelsalat der etwas anderen Art.

1. Zunächst kochst du die Pasta auf dem Herd nach Packungsanweisung in einem Topf mit reichlich kochendem Salzwasser bissfest. Vergiss dabei das Umrühren nicht! Siebe anschließend die Pasta ab, gib Butter unter die heißen Nudeln und stelle sie beiseite.

2. Nun darf der Thermomix® ran: Wasche und entkerne die Paprika und schneide sie in Stücke. Schäle die Gurke und schneide sie ebenfalls in Stücke. Gib beide Zutaten mit der abgeschnittenen Gartenkresse in den Mixtopf und zerkleinere die Zutaten 5 Sekunden/ Stufe 5. Schiebe die Stücke mit dem Spatel nach unten und gib Zitronensaft, Zucker, Sojasauce, Olivenöl, Crème Fraîche und Gerrys Zaubersalz dazu. Vermische die Zutaten 15 Sekunden/ Linkslauf/ Stufe 1. Linkslauf ist hierbei wichtig!

3. Serviere die Pasta mit der Mischung aus dem Thermomix® in Pastatellern und richte sie mit den grünen Erbsen an. Die Erbsen aus der Dose sind schon gekocht und dienen nur zur Augenweide.

4. Röste zu guter Letzt den Sesam kurz in einer fettfreien Pfanne an, bis er duftet und bestreue damit das Gericht. Das macht den Nudelsalat richtig rund.

mixtipp

Besonders praktisch an diesem Rezept ist, dass man alles bereits am Vormittag machen kann, auch wenn es erst für abends gedacht ist.

4 Portionen | 30 Min. | leicht

SPAGHETTISALAT MIT MOZZARELLA UND INGWER-BASILIKUM-PESTO

Zubereitungszeit: 30 Minuten
Zutaten für 4 Portionen

200 g Spaghetti

4 EL Saure Sahne

40–50 g Zitronensaft

50 g Ingwer, geschält, in Stücken

2 geh. EL Walnusskerne

4 geh. EL Basilikum, frisch

2 EL Parmesan, gerieben

Gerrys Zaubersalz, nach Belieben (s. S. 14)

Pfeffer, nach Belieben

40 g Olivenöl

200 g Mozzarella-Kugeln

Es ist so leicht, sich behaglich Genuss zu verschaffen!
(Zitat von Alexander von Villers)

1. Koche die Spaghetti auf dem Herd nach Packungsanweisung, in einem Topf in kräftig gesalzenem, kochendem Wasser bissfest. Danach siebst du sie ab, vermischst sie in einer Schüssel mit Saurer Sahne und Zitronensaft und hältst sie warm.

2. Schäle den Ingwer und gib ihn mit den Walnusskernen in den Mixtopf. Zerkleinere beide Zutaten 10 Sekunden/ Stufe 9 und schiebe die Stücke mit dem Spatel nach unten. Danach gibst du Basilikum, Parmesan, Gerrys Zaubersalz und Pfeffer dazu und verrührst die Zutaten erneut 10 Sekunden/ Stufe 9. Gib das Olivenöl hinzu und rühre dieses 20 Sekunden/ Stufe 3 unter.

3. Verteile die Spaghetti zum Anrichten in große Pastateller und belege diese mit den Mozzarella-Kugeln. Beträufle diese kleine Köstlichkeit mit dem Pesto aus dem Mixtopf und genieße sie.

mix*tipp*

Besonders frisch wird der Salat, wenn du ihn mit frischen Basilikumblättern und klein geschnittenen Tomaten belegst.

4 Portionen | 30 Min. | leicht

GERRYS LAUWARMER GLASNUDELSALAT BANGKOK MIT GARNELEN, KORIANDER UND WASABINÜSSEN

Zubereitungszeit: 30 Minuten
Zutaten für 4 Portionen

125 g Glasnudeln, z.B. Vermicelli

250 g Garnelen, geschält, gekocht

2 Schalotten, halbiert

1 Knoblauchzehe

10 g Olivenöl, extra vergine

4 EL Limettensaft

2 TL Agavendicksaft, alternativ Honig

2 EL Gemüsebrühe, heiß

1 EL Gerrys Koriander-Pesto (s. S. 100)

½ TL Gerrys Zaubersalz (s. S. 14)

1 Bund Koriander, frisch, zum Verzieren

12 Wasabinüsse (Erdnüsse im Wasabimantel) zum Verzieren

Dieses köstliche kleine Gericht habe ich vor vielen Jahren in Bangkok gegessen und ich war begeistert.

1. Zuerst überbrühst du die Glasnudeln in einem Topf mit leicht gesalzenem, kochendem Wasser und lässt sie darin 20 Minuten auskühlen.

2. Danach lässt du die Glasnudeln in einem Sieb gut abtropfen und schneidest sie dann in fingerlange Stücke. Gib die Garnelen zu den Glasnudeln und bereite die asiatische Sauce im Thermomix® zu. Dafür schälst du Schalotten und Knoblauch, halbierst die Schalotten und zerkleinerst beide Zutaten im Mixtopf 10 Sekunden/ Stufe 5. Wie immer schiebst du die Stücke mit dem Spatel nach unten und dünstest die Mischung mit Olivenöl dann 2 Minuten/ Varoma/ Stufe 1 an.

3. Gib nun Limettensaft, Agavendicksaft, Gemüsebrühe, Gerrys Koriander-Pesto und Gerrys Zaubersalz dazu und vermische die Zutaten kräftig 1 Minute/ Stufe 4.

4. Zum Schluss richtest du die abgetropften Glasnudeln und Garnelen mit der Sauce auf den Tellern an. Verziere das Ganze mit den frischen Korianderblättern und den Wasabinüssen.

mix tipp

Wenn du noch etwas Koriander-Pesto übrighast, dann machen sich 1–2 Teelöffel davon wunderbar auf dem feinen Gericht.

mix tipp

Die Erdnüsse im Wasabimantel (grüner Meerrettich aus Japan) machen nicht nur das Bild, sondern auch den Geschmack rund.

Und wer mag, bietet dazu noch etwas rote Thai-Chilisauce (gekauft) an. Ich lege noch ein paar Chilifäden darauf.

1 Glas   30 Min.   leicht

GERRYS KORIANDER-PESTO

Zubereitungszeit: 30 Minuten
Utensilien: Pfanne,
1 Schraubglas à 250 ml
Zutaten für 1 Glas

---

80 g Cashewkerne, gesalzen

---

10 Stängel Petersilie, frisch,
Blätter gezupft

---

10 Stängel Koriander, frisch,
Blätter gezupft

---

2 Knoblauchzehen

---

150 g Erdnussöl

---

25 g Sesamöl

Abrieb von 1 ½ Bio-Zitronen

---

2 gestr. TL Gerrys Zaubersalz

Klasse einfach – einfach klasse!

1. Röste zuerst die Cashewkerne in einer fettfreien Pfanne langsam auf mittlerer Stufe an.

2. Dann zupfst du die Blätter der Petersilie und des Korianders und gibst diese in den Mixtopf. Schäle den Knoblauch und gib ihn zusammen mit Cashewkernen, Erdnussöl, Sesamöl, Zitronenabrieb und Gerrys Zaubersalz in den Mixtopf. Zerkleinere die Zutaten darin 12 Sekunden/ Stufe 7 und schiebe die Stücke mit dem Spatel nach unten. Püriere die Zutaten weitere 20 Sekunden/ Stufe 8 und fülle anschließend das fertige Koriander-Pesto in heiß ausgespülte Gläser. Bewahre das Pesto im Kühlschrank auf. Das Pesto ist bis zu zwei Wochen im Kühlschrank haltbar. Achte immer darauf, dass es mit einer Schicht Öl bedeckt ist, sonst verringert sich die Haltbarkeit!

6 Gläser | 45 Min. | leicht

GERRYS PASTA-PESTO
MAL GANZ ANDERS: HEUTE MIT MOHN

Zubereitungszeit: 45 Minuten
Utensilien: Pfanne,
6 Schraubgläser à 100 ml
Zutaten für 6 Gläser

---

3 EL Pinienkerne

---

130 g Parmesan, in Stücken

---

2 Chilischoten, grün, entkernt,
in Stücken

---

320 g gutes Olivenöl

---

150 g Mohnsaat

Saft und Abrieb von ½ Bio-Zitrone

---

2 TL Gerrys Zaubersalz
(s. S. 14)

½ TL Pfeffer, frisch gemahlen

Ich möchte wieder einmal etwas Neues in deine Küche bringen. Meine Freunde fragen immer: „Gerry, schenkst du uns noch mal a bißl was von deinem köstlichen Pasta-Pesto?"

1. Zu Beginn röstest du die Pinienkerne in einer fettfreien Pfanne auf mittlerer Stufe sanft an. Wenn die Kerne langsam hellbraun werden und deine Küche fein duftet, genieße diese Freude! Fülle die gerösteten Pinienkerne in ein Schälchen um und stelle sie beiseite.

2. Zerkleinere den Parmesan im Mixtopf 10 Sekunden/ Stufe 10 und fülle ihn in ein separates Schälchen.

3. Wasche und entkerne nun die Chilischoten, schneide sie in Stücke und zerkleinere sie im Mixtopf 6 Sekunden/ Stufe 6. Schiebe die Stücke mit dem Spatel nach unten und gib Olivenöl und Mohnsaat dazu. Vermische die Zutaten kräftig 5 Sekunden/ Stufe 8 und erwärme anschließend die Mischung 3 Minuten/ 100°C/ Stufe 2. Lass die Mischung danach 10 Minuten ohne Messbecher im Mixtopf auskühlen.

4. Füge als Nächstes Zitronensaft und -abrieb, Gerrys Zaubersalz, die duftenden Pinienkerne und Pfeffer hinzu und vermische die Zutaten 12 Sekunden/ Stufe 8. Gib zum Schluss noch den Parmesan dazu und rühre diesen 8 Sekunden/ Stufe 5 kräftig ein.

5. Fülle das Pesto in die kleinen sauberen, heiß ausgespülten Gläser ab und bewahre es dunkel und trocken auf. So hält es sich wochenlang. Wenn es einmal geöffnet ist, solltest du es im Kühlschrank aufbewahren. Bei uns hält es sich leider nicht, da wir es entweder schnell wegessen oder es häufig verschenken.

mix*tipp*
Dieses Pesto schmeckt nicht nur zu vielen Pastasorten. Es ist auch eine Bereicherung für deine Salatdressings oder auch für dein Käsedessert. Du kannst es aber auch zum Marinieren von Hähnchenbrüsten verwenden.

4 Gläser | 45 Min. | leicht

GERRYS PISTAZIEN-KOKOS-PASTA-PESTO

Zubereitungszeit: 45 Minuten
Utensilien: Pfanne,
4 Schraubgläser à 80 ml
Zutaten für 4 Portionen

80 g Pistazienkerne

80 g Parmesan, in Stücken

4 Knoblauchzehen

Blätter von 2 Basilikumtöpfen

80 g Kokosflocken

2 EL Kokosöl nativ (nicht flüssig),
im Glas erhältlich

1 TL Bio-Zitronenabrieb

100 g feines Olivenöl

1 TL Gerrys Zaubersalz
(s. S. 14)

1 TL Pfeffer

Hier kommt ein wieder nicht alltägliches Pasta-Pesto für deine Küche.

1. Zunächst röstest du die Pistazienkerne in einer fettfreien Pfanne auf mittlerer Stufe schonend und langsam an und du wirst merken, wie deine Küche langsam herrlich zu duften beginnt. Genieße es!

2. Zerkleinere den Parmesan im Mixtopf 10 Sekunden/ Stufe 10 und fülle ihn in eine Schale um.

3. Nun hackst du die gerösteten Pistazienkerne im Mixtopf 4 Sekunden/ Stufe 7 und schiebst die Stücke mit dem Spatel wie immer nach unten. Schäle die Knoblauchzehen und gib diese mit Basilikumblättern, Kokosflocken, Kokosöl, Zitronenabrieb, Olivenöl, Gerrys Zaubersalz und Pfeffer in den Mixtopf. Püriere die Zutaten 12 Sekunden/ Stufe 8, gib noch den zerkleinerten Parmesan dazu und vermische die Zutaten 15 Sekunden/ Stufe 5.

4. Fülle dieses herrliche Ergebnis in heiß ausgespülte Gläser um und achte darauf, dass die Sauce von Olivenöl bedeckt ist. Gieße gegebenenfalls pro Glas 1 TL Olivenöl oben drauf.

mix**tipp**

Nicht nur Nudeln kannst du damit veredeln, auch Fisch- und Meeresfrüchte bekommen eine etwas andere Geschmacksrichtung. Probiere es doch auch mal als Brotaufstrich aus. Eine Käseplatte mit wenigen dieser intensiv grünen Tropfen verziert, peppt deinen Nachtisch gewaltig auf!

GNOCCHIREZEPTE

Pasta la vista, baby!

2 Portionen | 25 Min. | leicht

GERRYS SÜDTIROLER GNOCCHI DI PATATE

MIT PIKANTER SPECKRAHMSAUCE

Zubereitungszeit: 25 Minuten
Utensilien: Pfanne
Zutaten für 2 Portionen

Frühstücksspeck-Scheiben, nach Belieben, zur Dekoration

Zucchinischeiben, nach Belieben, zur Dekoration

125 g Speckwürfel

400 g Gnocchi (s. S. 20), alternativ aus dem Kühlregal

1 Schalotte, halbiert

1 Knoblauchzehe

2 Tomaten, halbiert, getrocknet

10 g natives Olivenöl

2 TL Tomatenmark

200 g Saure Sahne

½ TL gekörnte Hühnerbrühe

½ TL Gerrys Zaubersalz (s. S. 14)

½ TL Chiliflocken, getrocknet

2 TL Schnittlauchröllchen

Diese köstliche Variante kommt aus dem Stammland des Tiroler Specks.

1. Für die Dekoration röstest du zuerst die Scheiben Frühstücksspeck in einer fettfreien Pfanne von beiden Seiten an. Die Scheiben, die nun deutlich geschrumpft sind, dafür aber köstlich duften, legst du zum Abtropfen auf Küchenpapier ab. Ich habe noch ein paar Scheiben einer Zucchini ebenfalls für die Deko gebraten.

2. Röste in derselben Pfanne auch die Speckwürfel an, da der Thermomix® leider keine Röstaromen schafft. Gieße danach das Fett ab und lass die gebratenen Würfelchen auf Küchenpapier abtropfen.

3. In der Zwischenzeit erhitzt du reichlich Salzwasser in einem Topf auf dem Herd für die Gnocchi, wie auf der Packungsanweisung angegeben.

4. Nun darf der Thermomix® ran. Schäle Schalotte und Knoblauch und gib die Schalotte halbiert zusammen mit Knoblauch und Tomatenhälften in den Mixtopf. Zerkleinere die Zutaten 7 Sekunden/ Stufe 7 und schiebe die Stücke mit dem Spatel nach unten. Gib Olivenöl und Tomatenmark dazu und dünste alles 3 Minuten/ Varoma/ Stufe 2 an.

5. Nun gibst du etwa ⅔ gebratene Speckwürfel, Saure Sahne, gekörnte Hühnerbrühe, Zaubersalz und Chiliflocken in den Mixtopf dazu und erwärmst die Zutaten 45 Sekunden/ Varoma/ Stufe 2. Das übrige Drittel der Speckwürfel, empfehle ich, ganz zum Schluss auf die Teller zu verteilen. Das Auge isst ja mit!

6. Das kochende Salzwasser ist jetzt sicher schon bereit. Lege die Gnocchi in das kochende Wasser hinein und lass sie darin nach Packungsanweisung ziehen. Wenn die Gnocchi an der Wasseroberfläche schwimmen, sind sie fertig.

7. Richte die Gnocchi in großen Pastatellern an, überziehe sie mit dieser köstlichen Speckrahmsauce und verziere dein Werk mit den restlichen Speckwürfelchen, dem gebratenen Speck und den Schnittlauchröllchen.

mixtipp

In der Spargelzeit serviere ich einen Spargelsalat dazu. Dieser ist, wie ich meine, eine besonders feine Ergänzung dazu.

4 Portionen   55 Min.   mittel

GNOCCHI AL BURRO, SALVIA E PARMIGIANO

Zubereitungszeit: 55 Minuten
Utensilien: Pfanne
Zutaten für 4 Portionen

---

50 g Parmesan, in Stücken

---

400 g Gnocchi (s. S. 20),
alternativ aus dem Kühlregal

---

100 g Butter, in Stücken

---

3 EL Salbeiblätter, frisch

Alleine für diese Köstlichkeit lohnt sich die
Toskana oder Gerrys Gnocchi-Rezept.
Deine Gäste werden dich küssen.
Du musst ja nix vom Gerry erzählen!

1. Als Erstes zerkleinerst du den Parmesan im Mixtopf 10 Sekunden/ Stufe 10 und füllst ihn in ein Schälchen.

2. Bereite die Gnocchi wie auf S. 20 beschrieben zu. Wenn du Gnocchi aus dem Kühlregal verwendest, kochst du diese auf dem Herd nach Packungsanweisung in einem Topf mit reichlich kochendem Salzwasser. Danach lässt du in einer heißen Pfanne die Butter mit den Salbeiblättern aufschäumen und brätst darin die Gnocchi leicht an. Serviere die Gnocchi mit Salbeiblättern und Salbeibutter in vorgewärmten Pastatellern und bestreue das Gericht zu guter Letzt mit dem zerkleinerten Parmesan. Das Ergebnis ist einfach nur geil!

4 Portionen | 20 Min. | mittel

GERRYS GNOCCHI IN FEINER MORCHELRAHMSAUCE

Zubereitungszeit: 10 Minuten
Ruhezeit: 10 Minuten
Zutaten für 4 Portionen

Morcheln sind so was feines …
Auch wenn sie schwer zu kriegen sind.

10 Stück Morcheln, getrocknet, z.B. von Fuchs

130 g Hühnerbrühe, kräftig, heiß

2 Chilischoten, rot, klein, getrocknet

500 g Gnocchi (s. S. 20), alternativ aus dem Kühlregal

1 Schalotte, halbiert

1 EL Butter

125 g Kochsahne, 15–20 % Fett

1 TL Petersilie, getrocknet oder frisch

2 TL Weizenmehl

1 TL Gerrys Zaubersalz

1 TL Sesam, geröstet, optional

Pfeffer, frisch gemahlen, nach Belieben

2 EL Portwein oder Sherry

1. Lege zunächst 5 Morcheln in der heißen Hühnerbrühe für 10 Minuten ein. Alleine der Duft ist schon ein Gedicht! Schneide die weichen Morcheln anschließend in Ringe und lege sie zurück in die Brühe. Stelle die Brühe bis zur weiteren Verwendung zur Seite.

2. Die restlichen 5 trockenen Morcheln gibst du gemeinsam mit den Chilischoten in den Mixtopf und zerkleinerst beides 7 Sekunden/ Stufe 8. Fülle die Mischung anschließend in eine separate Schüssel um.

3. Koche kräftig gesalzenes Wasser in einem Kochtopf auf dem Herd auf und lass die Gnocchi darin 2 Minuten ziehen. Wenn die Gnocchi an der Wasseroberfläche schwimmen, sind sie fertig!

4. In der Zwischenzeit schälst und halbierst du die Schalotte und zerkleinerst sie im Mixtopf 5 Sekunden/ Stufe 5. Schiebe die Stücke mit dem Spatel nach unten und gib die Butter dazu. Schwitze die Schalotte in der Butter 1 Minute/ Varoma/ Stufe 1 an.

5. Füge die Hühnerbrühe mit den Morchelstückchen, Sahne, Petersilie, Mehl, die Morchel-Chilimischung, Zaubersalz und Sesam dazu und koche die Sauce 2 Minuten/ Varoma/ Linkslauf/ Stufe 1. Schmecke die Sauce abschließend mit Pfeffer und Portwein ab.

6. Gib die Gnocchi in große Pastateller und überziehe sie mit der feinen Morchelrahmsauce.

mixtipp

Auch Armagnac passt dazu prima. Wenn Kinder mit essen, bitte den Alkohol weglassen!

mixtipp

Zum Sattwerden reicht diese Menge auch für 2 oder 3 Portionen. Ich mache aber gerne kleinere Portionen, weil ich sie dann im meine Vier-bis-Fünf-Gänge-Menüs einbauen kann.

mixtipp

Wenn du getrocknete Morcheln, meist auf Märkten, findest, unbedingt kaufen! Die halten bei dir daheim Jahre! Und du hast einen geilen Vorrat! Ich komme z.B. in Meran nicht an diesen Marktständen vorbei.

mixtipp

MIXT DU SCHON?

Du bist ein Fan des Thermomix®?

Du hast kreative Ideen, die du gerne mit deinem Thermomix® umsetzt?

Du möchtest immer wieder neue Rezepte mit deinem Thermomix® ausprobieren?

Dann suchen wir dich!

Ob internationale Küche, feine Backideen oder saisonale Rezepte, von der Haute Cuisine bis zur Hausmannskost, vom Lieblingsessen für die Kleinen bis zu raffinierten Spezialitäten für die große Party – wir suchen innovative Ideen fürs Kochen mit dem Thermomix®!

Wenn du Lust hast, ein Kochbuch mit uns zu machen, Rezepte für eins unserer nächsten Thermomix®-Bücher aus deiner persönlichen Sammlung beizusteuern oder deine Tipps und Tricks mit anderen Thermomix®-Fans teilen willst, melde dich bei uns:

Edition Lempertz, Team mixtipp, Hauptstr. 354, 53639 Königswinter
Tel.: 02223 / 900036, Fax: 02223 / 900038
info@edition-lempertz.de, www.edition-lempertz.de

LEMPERTZ

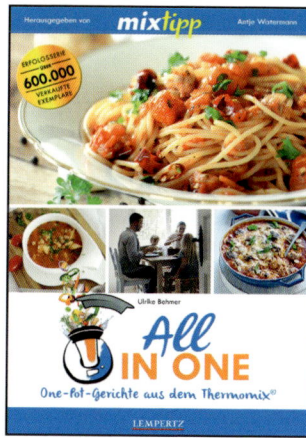

mixtipp:
All in One
120 Seiten,
Format: 17 x 24 cm,
Klappenbroschur,
durchgehend farbig bebildert,
ISBN: 978-3-96058-126-0, **9,99 €**

mixtipp:
Orientalische Küche
ca. 104 Seiten,
Format: 17 x 24 cm,
Klappenbroschur,
durchgehend farbig bebildert,
ISBN: 978-3-96058-243-4, **9,99 €**
Erscheint ca. September 2018

mixtipp:
Einmachen und Einkochen
ca. 120 Seiten,
Format: 17 x 24 cm,
Klappenbroschur,
durchgehend farbig bebildert,
ISBN: 978-3-96058-244-1, **9,99 €**
Erscheint ca. September 2018

All in one – Alles in Einem, hier sagt der Name eigentlich schon alles, in diesem Buch braucht ihr nämlich nur Einen: euren Thermomix®!
Unsere Autorin Ulrike Behmer hat in diesem Buch über 40 leckere Rezepte aus ihrer reichhaltigen Sammlung zusammengestellt, die vor allem eins versprechen: Kochen ganz ohne Stress! Vom glasierten Honigkassler bis zum exotischen Putencurry, sowohl im TM5® als auch im TM31® sind diese Gerichte im Handumdrehen zubereitet und die ganze Familie ist satt und glücklich! Entweder kann alles zusammen im Mixtopf zubereitet werden oder die Zutaten werden auf Mixtopf und Varoma® verteilt.
Eins gilt auf jeden Fall: Ihr könnt euch entspannen und der Thermomix® erledigt für euch den Rest!

Lass dich verführen von den Gerüchen und herrlichen Aromen einer märchenhaften Welt!
Langsam, aber sicher werden orientalische Gerichte, allen voran Hummus, Tabouleh oder Shakshuka, auch bei uns immer bekannter und beliebter. Die orientalische Küche ist geprägt von einer großen Vielfalt: Sie reicht von Ländern des Nahen Ostens bis zur arabischen Welt und schließt auch die türkische und nordafrikanische Küche mit ein.
Unsere Autorin Britta König ist ein absoluter Fan der orientalischen Welt. Von ihren Reisen hat sie schon immer gerne Gewürze und köstliche Rezepte mitgebracht und damit in der eigenen Küche experimentiert.
In diesem Band hat sie nun endlich die Gelegenheit, ihre Kreationen zu Papier zu bringen und daher über 40 Rezepte zusammengestellt, die einen umfassenden Einblick in die orientalische Welt geben. Wem läuft da nicht das Wasser im Mund zusammen, wenn er von goldgelbem Couscous-Salat mit Ofengemüse oder gebackenem Fischfilet mit Nusskruste liest? Auch die orientalischen Desserts sind ein Traum aus 1001 Nacht. Mandelpudding mit Rosenwasser ist nur ein Beispiel für den Abschluss eines wundervollen Menüs. Das alles ganz einfach im Thermomix® zubereitet!

Vorräte anlegen entsprach schon immer der Natur des Menschen und liegt wieder voll im Trend! Auch in Zeiten von fast durchgehend geöffneten Supermärkten ist es sinnvoll, Vorratshaltung zu betreiben, um die Ernte des Sommers zu konservieren oder einfach um zu wissen, was man isst. Außerdem ist es preiswert und spart Geld!
Für unsere erfolgreiche Autorin Andrea Tomicek hat Einmachen Tradition. Schon ihre Großmutter legte Vorräte an. So war immer schnell eine schmackhafte Suppe zur Hand oder eine feine Sauce geöffnet. Heute liebt Andrea es einfach, die Früchte aus ihrem großen Garten für den Winter haltbar zu machen. In ihrem dritten Buch der mixtipp-Reihe hat sie eine bunte Mischung an jahreszeitlich orientierten Rezepten zusammengestellt: Im Frühjahr wird eine Rhabarbermarmelade gekocht, im Sommer passt ein Blaubeerketchup ganz wunderbar zum Grillen und im Herbst wird der Kürbis süß-sauer eingelegt – so wird für den Winter vorgesorgt!
Andrea Tomicek zeigt, wie vielseitig man einkochen kann. Außerdem gibt es in der Einleitung Tipps, was man beim Einkochen alles beachten sollte.
Ob Profi oder Neuling, ob TM5® oder TM31®: Gemeinsam wird das Einkochen zum Kinderspiel!

mixtipp:
Kochen für Gäste
104 Seiten,
Format: 17 x 24 cm,
Klappenbroschur,
durchgehend farbig bebildert,
ISBN: 978-3-96058-040-9, **9,99 €**

mixtipp:
Lieblingsgeschenke
128 Seiten,
Format: 17 x 24 cm,
Klappenbroschur,
durchgehend farbig bebildert,
ISBN: 978-3-96058-105-5, **9,99 €**

mixtipp:
Italienische Küche
112 Seiten,
Format: 17 x 24 cm,
Klappenbroschur,
durchgehend farbig bebildert,
ISBN: 978-3-96058-038-6, **9,99 €**

Wer kennt das nicht? Das nächste Essen mit Freunden oder der Familie steht an und man weiß einfach nicht, was man für so viele Leute kochen soll. Unser Autor Alexander Augustin stand auch schon oft vor diesem Problem. Mit der Zeit entwickelte er tolle Gerichte, die alle seine Gäste und auch das Team mixtipp begeistert haben. Beginne dein Menü mit einer Suppe, serviere zum Hauptgang Karibische Hähnchenspieße und entzücke deine Gäste zum krönenden Abschluss mit saftigen Schoko-Nuss-Kirsch-Brownies. Dazu darf natürlich ein selbst gemachter Eistee nicht fehlen. Egal ob 4-Gänge-Menü oder Buffet – Die Rezepte von Alexander Augustin sind vielseitig einsetzbar und bereichern jede Party. Mit diesem Buch kannst du ganz entspannt Gäste einladen, denn während du den Tisch eindeckst, erledigt der Thermomix® den Rest für dich. Alle Rezepte sind wie immer für den TM5® und TM31® ausgelegt. Wir wünschen dir viel Spaß beim Nachkochen und Feiern mit deinen Gästen!

Kleine Geschenke erhalten die Freundschaft! Ob Weihnachten, Geburtstagsfeier, Gartenparty oder der Anstandsbesuch bei der Großtante ein Mitbringsel erwärmt jedem Beschenkten das Herz und knüpft Bande. Doch oft fehlt einem die zündende Idee für das passende Geschenk: Was also tun? Nicht verzagen, Team mixtipp fragen. In diesem Band haben wir die schönsten Do-it-yourself-Kreationen von Andrea Tomicek zusammengestellt. Hier findest du originelle Geschenkideen, die du ratzfatz Zuhause mit deinem Thermomix® selbst nachmachen kannst. Vom fruchtigen Orangenöl über das Tomaten-Relish, verschiedene Kuchen im Glas bis hin zum Rosenlikör und sogar Wohlfühlprodukten wie dem Orangenhaut-Kaffee-Peeling ist hier alles vertreten. Mit all diesen hausgemachten, wunderbaren Produkten kannst du in Zukunft Freunde, Familie und Kollegen beeindrucken und begeistern! Wie immer gilt: Alle Geschenke kannst du im TM5® und TM31® spielend leicht herstellen. Wir wünschen viel Spaß beim Ausprobieren, Verschenken und Freude bereiten!

Bella Italia! Wer liebt sie nicht, die italienische Küche? Pizza, Pasta und ganz viel Amore. Das Team mixtipp ist mit der Autorin Sylvia Lühert gemeinsam auf eine kulinarische Reise durch Italien gegangen. Sie hat über 40 Rezepte zusammengestellt, die die Vielfalt der italienischen Küche widerspiegeln. Von Bruschetta mit Avocado und Mozzarella über die klassische Lasagne al forno, bis hin zu Haselnuss-Panna-Cotta oder schnellem Tartufo. Für jeden ist etwas dabei! Zaubere dir mit dem TM31® oder TM5® italienisches Flair in dein Zuhause! Wir wünschen dir viel Spaß beim Nachkochen der Rezepte!

TITEL DER MIXTIPP-PROFILINIE

mixtipp PROFILINIE:
Kolja Kleeberg

120 Seiten,
Format: 20 x 25,5 cm,
Hardcover, durchgehend farbig bebildert,
ISBN: 978-3-945152-33-1, **24,99 €**

Sternekoch und gleichzeitig Thermomixer? Das geht, und wie! Ob
bei Kochshows wie „Kerner kocht" oder in der professionellen Küche
seines Sternerestaurants – der Thermomix® hat sich als treuer Beglei-
ter in Kolja Kleebergs Küche großartig bewährt.
Für das Team mixtipp hat Kleeberg nun seine Lieblingsrezepte für
daheim zusammengestellt. Rezepte, die einfach Spaß machen –
sowohl beim Kochen als auch beim gemeinsamen Essen.
Entdecken Sie den Sternekoch in sich: Beginnen Sie ihr Menü doch mal
mit einer fruchtigen Tomaten-Pfirsich-Gazpacho, gefolgt von einem
goldgelben Safranrisotto – und zum krönenden Abschluss vielleicht
die New York Cheesecake Crème? Soviel ist sicher: Bei den delikaten
Vor-, Haupt- und Nachspeisen, die Kleeberg hier präsentiert, kann
sich jeder sein persönliches Traummenü zusammenstellen.

mixtipp PROFILINIE:
Steven Raichlen – Saucen,
Marinaden, Rubs & Grillbutter

240 Seiten,
Format: 20 x 25,5 cm,
Hardcover, durchgehend farbig bebildert,
ISBN: 978-3-96058-043-0, **19,99 €**

Die Erfolgsgeschichte geht weiter! Steven Raichlen, bekannter BBQ-
Guru und TV-Koch, hat seine Rezepte in der ganzen Welt gesammelt
und zeigt nun in der mixtipp PROFILINIE wie 119 seiner besten
Saucen, Rubs und Marinaden im Thermomix® zubereitet werden.
Die umfassende Sammlung hat für jeden etwas zu bieten: für Ein-
steiger einfache Saucen und Würzmischungen wie die Jalapeño-
Sauce-Tartar oder die Sechs-Pfeffer-Mischung sowie professionelle
Zubereitungen für Experten wie den Safran-Butter-Mopp oder die
Irish-Whiskey-Glaze. Experimentierfreudige werden mit innovativen
Geschmackskombinationen wie dem Kaffee-Kardamom-Brisket-Rub
oder dem salzfreien Limonaden-Chili-Rub überrascht, können sich
aber auch mit Hilfe einer Anleitung an eigene Kreationen wagen.
Kurz gesagt – Sie finden hier jede Art von Würzmittel, das Sie für die
Zubereitung und den Genuss eines perfekten Barbecues benötigen.
Und außerdem detaillierte Hinweise zu deren Verwendung, wenn das
keine Gründe sind seine Grillsaucen endlich selbst zu machen…

mixtipp

mixtipp:
Lieblingsrezepte mit Hack

104 Seiten,
Format: 17 x 24 cm,
Klappenbroschur,
durchgehend farbig
bebildert,
ISBN: 978-3-96058-198-7,
9,99 €

mixtipp:
Kartoffelschmecker

112 Seiten,
Format: 17 x 24 cm,
Klappenbroschur,
durchgehend farbig
bebildert,
ISBN: 978-3-96058-127-7,
9,99 €

mixtipp:
Lieblingsrubs und Gewürze

120 Seiten,
Format: 17 x 24 cm,
Klappenbroschur,
durchgehend farbig
bebildert,
ISBN: 978-3-96058-042-3,
9,99 €

mixtipp:
Lieblingsfischgerichte

120 Seiten,
Format: 17 x 24 cm,
Klappenbroschur,
durchgehend farbig
bebildert,
ISBN: 978-3-96058-975-4,
9,99 €

mixtipp:
Asiatisch kochen

128 Seiten,
Format: 17 x 24 cm,
Klappenbroschur,
durchgehend farbig
bebildert,
ISBN: 978-3-96058-114-7,
9,99 €

mixtipp:
Lieblingsrezepte der
österreichischen Küche

112 Seiten,
Format: 17 x 24 cm,
Klappenbroschur,
durchgehend farbig
bebildert,
ISBN: 978-3-96058-111-6,
9,99 €

LEMPERTZ